Annette Neubauer

80 Witze
für mehr Textverständnis
Klasse 2–4

Mit kleinen Lese-Lacheinheiten
blitzschnell & differenziert
das Leseverständnis fördern

Auer

Wir haben uns für die Schreibweise mit dem Sternchen entschieden, damit sich Frauen, Männer und alle Menschen, die sich anders bezeichnen, gleichermaßen angesprochen fühlen. Aus Gründen der besseren Lesbarkeit für die Schüler*innen verwenden wir in den Kopiervorlagen das generische Maskulinum. Bitte beachten Sie jedoch, dass wir in Fremdtexten anderer Rechtegeber*innen die Schreibweise der Originaltexte belassen mussten.

1. Auflage 2024

Autorin: Annette Neubauer
Umschlagfoto: AdobeStock #270696984; Urheber: Irmun
Covergestaltung: Heart Advertising – Werbung mit Herz | Karin Mausz, Augsburg
Illustrationen: Kristina Klotz
Satz: fotosatz griesheim GmbH, Griesheim
Druck und Bindung: Korrekt Nyomdaipari Kft.
ISBN 978-3-403-**08894**-3

www.auer-verlag.de

Inhaltsverzeichnis

Vorwort ... 6

Witze für die 1. Lesestufe

Tiere ... 7
Das kleine Känguru ... 7
Treffen sich zwei Mäuse ... 8
Zwei Hühner unterwegs ... 9
Ziegen auf der Wiese ... 10
Eine Dinosaurierfamilie ... 11
Ein Floh gewinnt im Lotto ... 12
Die Schlange auf dem Weg ... 13
Die Fliege und die Spinne ... 14
Treffen sich zwei Schnecken ... 15
Ein Tausendfüßler zu Besuch ... 16

Schule ... 17
Im Deutschunterricht ... 17
Das Diktat ... 18
Am frühen Morgen ... 19
Hausaufgaben ... 20
Die Sinnesorgane ... 21
Hauptstädte ... 22
Schulfrei ... 23
Morgens im Bett ... 24
Rechtschreibung ... 25
Vogelkunde ... 26

Familie ... 27
Das Gutenachtlied ... 27
Schimpfwörter ... 28
Schokolade ... 29
Eine besondere Begabung ... 30
Der Einbrecher ... 31
Zahnpasta ... 32
Matilda weiß mehr ... 33
Die Nachtcreme ... 34
Ein Gespräch ... 35
Schokoriegel ... 36

Kunterbuntes ... 37
Vor dem Spiegel ... 37
Zwei Hellseher ... 38
Zwei Sandkörner unterwegs ... 39
Ein Stofftier im Kühlschrank ... 40
Zwei Rühreier in der Pfanne ... 41
Unterhalten sich zwei Vampire ... 42
Zahnstocher unterwegs ... 43
Sonnenuntergang ... 44
Zwei Paar Schuhe ... 45
Der Kirschbaum ... 46

Lösungen ... 47

Inhaltsverzeichnis

Witze für die 2. Lesestufe

Tiere **57**
Zwei Goldfische am Strand 57
In der Fledermaushöhle 58
Vier Spatzen 59
Eine schlaue Maus 60
Unterhalten sich zwei Frösche 61

Schule **62**
Im Matheunterricht 62
Pause 63
Sportunterricht 64
Im Zoo 65
Knöpfe in der Hosentasche 66

Familie **67**
Eiskalte Füße 67
Knoten im Taschentuch 68
An der Tankstelle 69
Die Gutenachtgeschichte 70
Beim Frühstück 71

Kunterbuntes **72**
Die leere Postkarte 72
An der Rolltreppe 73
Der Hund im Restaurant 74
Der Artist 75
Der Postbote und das Schild 76

Lösungen ***77***

Inhaltsverzeichnis

Witze für die 3. Lesestufe

Tiere **82**
Zwei Kühe im Bett 82
Im Zirkus 83
Treffen sich zwei Mäuse auf dem Dach 84
Zwei Pferde im Zoo 85
In der Zoohandlung 86

Schule **87**
Montagmorgen 87
Eine verträumte Schülerin 88
Der Überfall 89
Mathematikunterricht 90
Im Sachunterricht 91

Familie **92**
Das Geburtstagsgeschenk 92
Der Weihnachtswunsch 93
Auf dem Spielplatz 94
Bei der Ärztin 95
Riesige Schlangen 96

Kunterbuntes **97**
Unterhalten sich zwei Gespenster 97
Stromausfall 98
In der Wüste 99
Die Frau und das Känguru 100
Fischernetze 101

Lösungen ***102***

Vorwort

Liebe Lehrkräfte,

mit den vorliegenden Witzen trainieren die Grundschulkinder in den Klassen 2 bis 4. Mit Humor können Kinder ihr Schulleben und seine Herausforderungen auf leichtere Weise verarbeiten. Dabei sollte ein Kinderwitz einfach zu verstehen sein und eine überraschende Wendung haben.

Allgemein können Witze Kindern dabei helfen, ihre Sprachkenntnisse, ihr kritisches Denken und ihre sozialen Fähigkeiten zu verbessern. Auch Scherzfragen sind eine gute Möglichkeit, das Verständnis für Wörter zu erweitern.

Um den unterschiedlichen Lernständen der Kinder gerecht zu werden, sind die Kopiervorlagen in drei Schwierigkeitsstufen gegliedert. Die leichtesten und kürzesten Witze sind mit einem Stern, etwas anspruchsvollere und mittellange Witze mit zwei Sternen und die in diesem Band umfangreichsten Witze mit drei Sternen gekennzeichnet.

Die Übungen mit der Glühbirne fördern das konzentrierte Lesen. Ähnlich aussehende Wörter bzw. Sätze müssen unterschieden werden.

Die Übungen, die mit dem Stift gekennzeichnet sind, stellen die Situation des Witzes bildhaft dar und helfen dadurch, ihn leichter zu verstehen. Durch die Schreibübungen fördern sie den Umgang mit Schrift und helfen zusätzlich, die Pointe des Witzes zu verstehen.

Die klaren und kindgerechten Illustrationen laden zum selbstständigen Arbeiten ein und erleichtern auch Kindern, die Deutsch nicht als Muttersprache haben, den Zugang. Die Arbeitsanweisungen sind bewusst einfach und verständlich gehalten, um Blockaden durch Überforderung zu verhindern.

Die Lösungen sind so gestaltet, dass sie kopiert und in einen Ordner geheftet werden können.
Dadurch haben die Kinder allein oder in Partnerarbeit die Möglichkeit, ihre Ergebnisse selbstständig zu kontrollieren.

Ich wünsche Ihnen und den Kindern viel Freude und Erfolg mit dem vorliegenden Band!

Annette Neubauer

Name:

Das kleine Känguru

Ein kleines Känguru sitzt im Beutel seiner Mutter. Es steckt den Kopf heraus. Über ihm fliegt ein Glühwürmchen. Das fragt das kleine Känguru: „Mama, darf das Glühwürmchen zu mir? Ich will noch lesen.“

Was stimmt?

- [ ] Ein kleines Känguru springt im Beutel.
- [ ] Ein kleines Känguru sitzt im Beutel.

- [ ] Es will nicht lesen.
- [ ] Es will noch lesen.

- [ ] Seine Mutter ist bei ihm.
- [ ] Sein Vater ist bei ihm.

Lerne den Witz auswendig und erzähle ihn jemandem.

Schreibe in die Sprechblase, was das Känguru fragt.

Name:

Treffen sich zwei Mäuse

Zwei Mäuse treffen sich vor einem Mäuseloch und überlegen, wo sie etwas zum Fressen finden. Auf einmal fliegt eine Fledermaus vorbei. Da sagt die eine Maus zur anderen: „Toll! Wenn ich groß bin, werde ich auch Pilot.“

 **Was stimmt?**

☐ Zwei Mäuse treffen sich vor einem Mäusekoch.
☐ Zwei Mäuse treffen sich vor einem Mäuseloch.

☐ Auf einmal fliegt eine Fledermaus vorbei.
☐ Auf einmal kriecht eine Fledermaus vorbei.

☐ Eine der beiden Mäuse will später Polizist werden.
☐ Eine der beiden Mäuse will später Pilot werden.

 **Lerne den Witz auswendig und erzähle ihn jemandem.**

 **Schreibe in die Sprechblase, was die Maus sagt.**

Name:

Zwei Hühner unterwegs

Zwei Hühner schlendern durch den Supermarkt. Sie wollen einkaufen. Plötzlich sieht ein Huhn einen Eierbecher und sagt zum anderen Huhn: „Schau mal, das ist aber ein toller Kinderwagen!“

Was stimmt?

- ☐ Ein Huhn sieht einen Eierbecher
- ☐ Ein Hahn sieht einen Eierbecher.

- ☐ Zwei Hühner schlendern durch den Supermarkt.
- ☐ Zwei Hühner wandern durch den Supermarkt.

- ☐ Ein Huhn sieht einen Eierbecher.
- ☐ Ein Huhn sitzt auf einem Eierbecher.

Lerne den Witz auswendig und erzähle ihn jemandem.

Schreibe in die Sprechblase, was das Huhn sagt.

Name:

Ziegen auf der Wiese

Zwei Ziegen treffen sich auf einer grünen Wiese und unterhalten sich. Sagt die eine Ziege: „Ich gehe heute Abend tanzen. Kommst du mit?“ Da antwortet die andere Ziege: „Leider nein, ich habe keinen Bock.“

Was stimmt?

- [ ] Zwei Ziegel treffen sich auf der Wiese.
- [ ] Zwei Ziegen treffen sich auf der Wiese.

- [ ] Eine Ziege will abends tanzen.
- [ ] Eine Ziege will morgens tanzen.

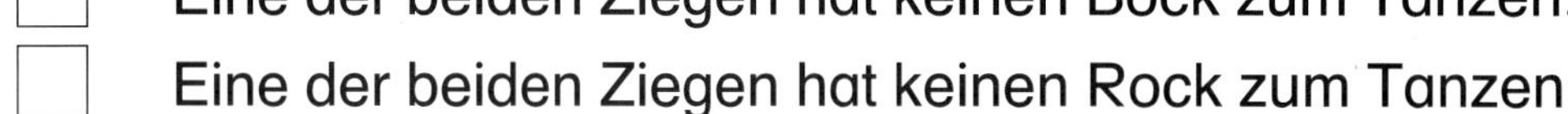

- [ ] Eine der beiden Ziegen hat keinen Bock zum Tanzen.
- [ ] Eine der beiden Ziegen hat keinen Rock zum Tanzen.

Lerne den Witz auswendig und erzähle ihn jemandem.

Schreibe in die Sprechblasen, was die Ziegen sagen.

Name:

Eine Dinosaurierfamilie

Ein junger Dinosaurier geht mit seinen Eltern durch die Steppe. Plötzlich fragt er: „Papa, wohin komme ich, wenn ich gestorben bin?“ Der Papa überlegt einen Moment. Dann antwortet er: „Ins Museum, mein Kleiner.“

Was stimmt?

☐ Ein junger Dinosaurier geht durch die Suppe.
☐ Ein junger Dinosaurier geht durch die Steppe.

☐ Der Papa überlegt einen Moment.
☐ Die Mama überlegt einen Moment.

☐ Der Dinosaurier ist jung.
☐ Der Dinosaurier ist klein.

Lerne den Witz auswendig und erzähle ihn jemandem.

Schreibe in die Sprechblasen, was die Dinosaurier sagen.

Name:

Ein Floh gewinnt im Lotto

Ein Floh sagt zu seinem Freund:
„Ich habe ganz viel Geld im Lotto gewonnen!“
„Wie viel?“, fragt sein Freund.
„500 €!“, antwortet der Floh.
„Und was machst du jetzt damit?“,
fragt sein Freund.
„Ich kauf mir einen eigenen Hund!“,
antwortet der Floh.

Was stimmt?

☐ Ein Floh hat ganz viel Geld im Lotto gewonnen.
☐ Ein Floh hat ganz wenig Geld im Lotto gewonnen.

☐ Der Floh will sich mit dem Geld einen eigenen Hund kaufen.
☐ Der Floh will sich mit dem Geld einen eigenen Hund kauen.

☐ Ein Floh unterhält sich mit seinem Freund.
☐ Ein Floh unterhält sich mit seiner Freundin.

Lerne den Witz auswendig und erzähle ihn jemandem.

Schreibe in die Sprechblase, was der Floh auf die Frage seines Freundes antwortet.

Name:

Die Schlange auf dem Weg

Nachmittags kommt Lina ganz aufgeregt zu ihrem Freund nach Hause und erzählt: „Ich bin auf dem Weg zu dir einer Schlange begegnet!“ Da fragt ihr Freund: „Hast du dich hinten angestellt?“

Was stimmt?

- [ ] Lina kommt aufgeregt zu ihrem Feind.
- [ ] Lina kommt aufgeregt zu ihrem Freund.

- [ ] Lina ist auf dem Steg einer Schlange begegnet.
- [ ] Lina ist auf dem Weg einer Schlange begegnet.

- [ ] Ihr Freund will wissen, ob sie sich hinten angestellt hat.
- [ ] Ihr Freund will wissen, ob sie sich vorne angestellt hat.

Lerne den Witz auswendig und erzähle ihn jemandem.

Schreibe in die Sprechblase, was Lina ihrem Freund sagt.

Name:

Die Fliege und die Spinne

Eine Fliege fliegt ganz knapp an einem Spinnennetz vorbei. „Warte nur! Morgen erwische ich dich!“, ruft die Spinne ihr zu. „Da irrst du dich! Ich bin eine Eintagsfliege!“, ruft die Fliege zurück.

Was stimmt?

- ☐ Eine Fliege fliegt ganz knapp an einem Spinnennetz vorbei.
- ☐ Eine Fliege fliegt ganz knapp in ein Spinnennetz hinein.

- ☐ Die Fliege ist eine Zweitagesfliege.
- ☐ Die Fliege ist eine Eintagsfliege.

- ☐ Die Spinne will die Fliege am nächsten Tag fangen.
- ☐ Die Spinne wird die Fliege am nächsten Tag fangen.

Lerne den Witz auswendig und erzähle ihn jemandem.

Schreibe in die Sprechblasen, was die Spinne und die Fliege sagen.

Name:

Treffen sich zwei Schnecken

Zwei Schnecken treffen sich am Wegesrand. „Was ist denn mit deinem Auge passiert? Das ist ja ganz blau“, sagt die eine. „Ich bin gestern wie immer durch den Wald gekrochen. Da schießt plötzlich ein Pilz aus dem Boden.“

Was stimmt?

- ☐ Zwei Schnecken treffen sich am Wegesrand.
- ☐ Drei Schnecken treffen sich am Wegesrand.

- ☐ Eine Schnecke hat ein blaues Auge.
- ☐ Eine Schnecke hat ein grünes Auge.

- ☐ Plötzlich ist ein Pilz aus dem Boden geflossen.
- ☐ Plötzlich ist ein Pilz aus dem Boden geschossen.

Lerne den Witz auswendig und erzähle ihn jemandem.

Schreibe in die Sprechblase, was die Schnecke antwortet.

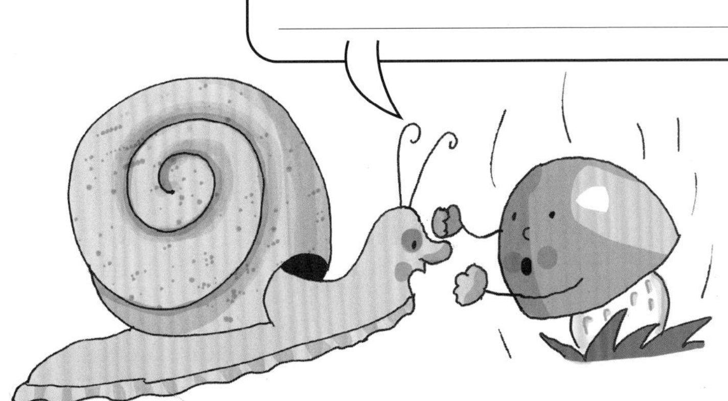

Name:

Ein Tausendfüßler zu Besuch

„Warum kommst du denn so spät zum Essen?“, fragt die Blindschleiche den Tausendfüßler. „Draußen hängt ein Schild, auf dem steht: Bitte Füße abputzen!“, antwortet der Tausendfüßler.

Was stimmt?

- [ ] Eine Blindschleiche unterhält sich mit einem Tausendfüßler.
- [ ] Eine Blindschleiche unterhält sich mit einem Hundertfüßler.

- [ ] Der Tausendfüßler kommt zu spät zum Essen.
- [ ] Die Blindschleiche kommt zu spät zum Essen.

- [ ] Auf dem Schild steht: Bitte Füße abputzen!
- [ ] Auf dem Schild steht: Bitte Füße ablutschen!

Lerne den Witz auswendig und erzähle ihn jemandem.

Schreibe in die Sprechblase, was der Tausendfüßler sagt.

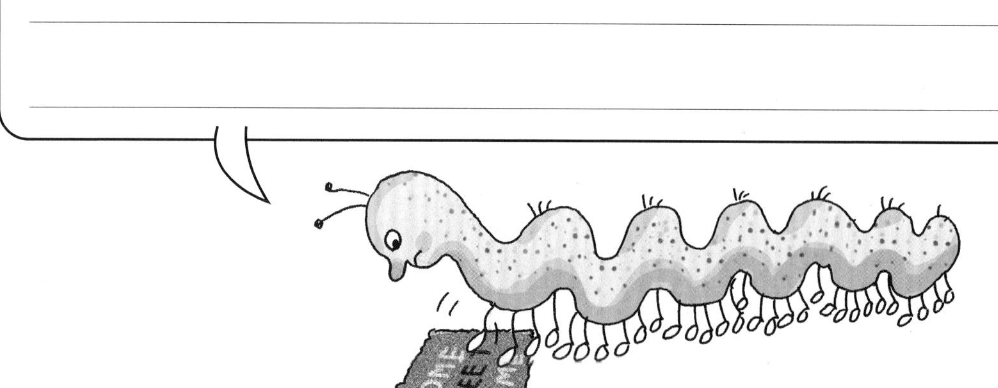

A. Neubauer: 80 Witze für mehr Textverständnis Klasse 2–4

Name:

Im Deutschunterricht

In der Schule zählt die Lehrerin auf:
„Ich gehe, du gehst, er geht,
wir gehen, ihr geht, sie gehen.
Mia, sagst du mir bitte,
was das bedeutet?“
Mia überlegt und antwortet:
„Jetzt sind sie alle weg.“

Was stimmt?

- [ ] Im Unterricht zählt die Lehrerin Wörter auf.
- [ ] In der Pause zählt die Lehrerin Wörter auf.

- [ ] Die Lehrerin nimmt Mia an die Reihe.
- [ ] Die Lehrerin nimmt Mia an die Leine.

- [ ] Mia überlegt, bevor sie antwortet.
- [ ] Mia überlegt, nachdem sie antwortet.

Lerne den Witz auswendig und erzähle ihn jemandem.

Schreibe in die Sprechblase, was Mia der Lehrerin antwortet.

Name:

Das Diktat

Der Lehrer gibt in der Schule die Klassenarbeiten zurück. Als er an der Bank von Tim und Marie steht, fragt er: „Tim, du hast dieselben Fehler wie Marie. Erklärst du mir das bitte?“ „Wir haben denselben Lehrer“, antwortet Tim.

Was stimmt?

☐ Die Lehrerin gibt in der Schule Klassenarbeiten zurück.
☐ Der Lehrer gibt in der Schule Klassenarbeiten zurück.

☐ Der Lehrer bittet Marie um eine Erklärung.
☐ Der Lehrer bittet Tim um eine Erklärung.

☐ Tim und Marie haben dieselben Fehler.
☐ Tim und Maria haben dieselben Fehler.

Lerne den Witz auswendig und erzähle ihn jemandem.

Schreibe in die Sprechblasen, was der Lehrer und Tim sagen.

A. Neubauer: 80 Witze für mehr Textverständnis Klasse 2–4

Name:

Am frühen Morgen

Ben hetzt in das Klassenzimmer. Er kommt wieder zu spät zum Unterricht. „Hast du keinen Wecker?“, fragt ihn die Lehrerin genervt. „Doch, aber wenn der klingelt, schlafe ich noch!“, antwortet Ben.

Was stimmt?

- [ ] Ben kommt wieder zu spät zum Unterricht.
- [ ] Benno kommt wieder zu spät zum Unterricht.

- [ ] Ben hat einen Wecker.
- [ ] Ben hat keinen Wecker.

- [ ] Ben hetzt in das Kassenzimmer.
- [ ] Ben hetzt in das Klassenzimmer.

Lerne den Witz auswendig und erzähle ihn jemandem.

Schreibe in die Sprechblase, was Ben der Lehrerin antwortet.

____

____

____

Name:

Hausaufgaben

Dana fragt ihren Lehrer: „Kann ich für etwas bestraft werden, das ich nicht gemacht habe?“ „Nein, das geht nicht“, antwortet der Lehrer. „Da bin ich aber froh. Ich habe meine Hausaufgaben nicht gemacht“, antwortet Dana erleichtert.

Was stimmt?

- [ ] Dana hat ihre Hausaufgaben nicht gemacht.
- [ ] Dana hat ihre Hausaufgaben nicht mitgebracht.

- [ ] Dana freut sich nicht über die Antwort des Lehrers.
- [ ] Dana freut sich über die Antwort des Lehrers.

- [ ] Dana ist über die Antwort des Lehrers erleichtert.
- [ ] Dana ist über die Antwort des Lehrers erheitert.

Lerne den Witz auswendig und erzähle ihn jemandem.

Schreibe in die Sprechblase, was Dana ihrem Lehrer sagt.

Name:

Die Sinnesorgane

„Ein Hund hört viel besser als der Mensch und Katzen sehen viel besser als Menschen. Kennt jemand noch ein anderes Beispiel?“, fragt die Lehrerin. „Die Rose riecht besser“, antwortet Markus.

Was stimmt?

- ☐ Hunde hören besser als Menschen.
- ☐ Hunde hören bunter als Menschen.

- ☐ Katzen sehen besser als Menschen.
- ☐ Katzen schielen besser als Menschen.

- ☐ Die Lehrerin fragt nach einem anderen Buntstift.
- ☐ Die Lehrerin fragt nach einem anderen Beispiel.

Lerne den Witz auswendig und erzähle ihn jemandem.

Schreibe in die Sprechblase, was Markus der Lehrerin antwortet.

Name:

Hauptstädte

„Wer von euch kann mir eine Hauptstadt nennen?“, fragt der Lehrer im Sachunterricht und schaut in die Klasse. Manuel meldet sich sofort und fragt zurück: „Klar, Herr Oberberg! Welche darf es denn sein?“

Was stimmt?

- ☐ Im Sachunterricht nennt der Lehrer eine Hauptstadt.
- ☐ Im Sachunterricht fragt der Lehrer nach einer Hauptstadt.

- ☐ Manuel meldet sich sofort.
- ☐ Manuela meldet sich sofort.

- ☐ Manuel fragt: „Welcher darf es denn sein?“
- ☐ Manuel fragt: „Welche darf es denn sein?“

Lerne den Witz auswendig und erzähle ihn jemandem.

Schreibe in die Sprechblase die Frage des Lehrers an die Klasse.

Name:

Schulfrei

„Mama, morgen haben wir keine Schule!“, sagt Laurenz fröhlich, als er nach Hause kommt. „Weshalb das denn?“, fragt die Mutter. „Der Lehrer hat gesagt: Morgen fahre ich fort“, antwortet Laurenz.

Was stimmt?

- ☐ Laurenz sagt, dass er morgen schulfrei habe.
- ☐ Laurenz singt, dass er morgen schulfrei habe.

- ☐ Die Mutter glaubt Laurenz nicht.
- ☐ Die Mutter glaubt Laurenz sofort.

- ☐ Laurenz ist gut gelaunt, als er nach Hause kommt.
- ☐ Laurenz ist gut gelaunt, als er in die Hütte kommt.

Lerne den Witz auswendig und erzähle ihn jemandem.

Schreibe in die Sprechblasen, was die Mutter fragt und was Laurenz ihr antwortet.

Name:

Morgens im Bett

Simon und Anna liegen morgens noch lange in ihren Betten. Schließlich flüstert Simon seiner Schwester zu: „Ich glaube, wenn Mama uns nicht bald weckt, kommen wir zu spät in die Schule.“

Was stimmt?

- [ ] Simon und Anna liegen morgens nicht lange in ihren Betten.
- [ ] Simon und Anna liegen morgens noch lange in ihren Betten.

- [ ] Simon und Anna sind Geschwister.
- [ ] Simon und Anne sind Geschwister.

- [ ] Simon flüstert seiner Mutter etwas zu.
- [ ] Simon flüstert seiner Schwester etwas zu.

Lerne den Witz auswendig und erzähle ihn jemandem.

Schreibe in die Sprechblase, was Simon sagt.

Name:

Rechtschreibung

Elias schreibt das Wort Löwe klein. Die Lehrerin schaut in sein Heft und sieht den Fehler. „Was wir anfassen können, wird großgeschrieben“, erinnert sie ihren Schüler. „Aber ich fasse doch keinen Löwen an!“, antwortet Elias.

Was stimmt?

☐ Elias schreibt das Wort Löwe klein.
☐ Elias schreibt das Wort Löwe groß.

☐ Die Lehrerin schaut in sein Heft und sieht den Fehler.
☐ Die Lehrerin schaut in seine Tasche und sieht den Fehler.

☐ Was wir anfassen können, wird großgeschrieben.
☐ Was wir anfassen können, wird riesig geschrieben.

Lerne den Witz auswendig und erzähle ihn jemandem.

Schreibe auf die Linien neben der Zeichnung, was die Lehrerin und Elias sagen.

Lehrerin: ______________________

____

____

Elias: ______________________

____

Name:

Vogelkunde

Der Lehrer hebt ein Bild hoch, auf dem eine Amsel und eine Drossel zu sehen sind. „Wer von euch kann mir sagen, welcher Vogel die Amsel ist?“, fragt der Lehrer. Maria meldet sich und antwortet: „Das ist der Vogel neben der Drossel.“

Was stimmt?

- [ ] Der Lehrer hebt ein Bild hoch, auf dem zwei Vögel sind.
- [ ] Der Lehrer hebt ein Bild hoch, auf dem drei Vögel sind.

- [ ] Auf dem Bild sind eine Amsel und eine Drossel zu sehen.
- [ ] Über dem Bild sind eine Amsel und eine Drossel zu sehen.

- [ ] Maria meldet sich und antwortet.
- [ ] Maria meckert nicht und antwortet.

Lerne den Witz auswendig und erzähle ihn jemandem.

Schreibe auf die Linien, was der Lehrer fragt.

Name:

Das Gutenachtlied

Es ist schon spät am Abend. Aber Hugo will nicht ins Bett gehen. Da sagt sein Vater: „Hugo, gehst du jetzt freiwillig ins Bett oder muss ich dir erst noch ein Gutenachtlied vorsingen?“

Was stimmt?

☐ Es ist schon spät am Abend.
☐ Es ist nicht spät am Abend.

☐ Hugo will nicht ins Bett gehen, obwohl es schon spät ist.
☐ Hugo will nicht ins Beet gehen, obwohl es schon spät ist.

☐ Der Vater droht, Hugo ein Gutenachtlied vorzusagen.
☐ Der Vater droht, Hugo ein Gutenachtlied vorzusingen.

Lerne den Witz auswendig und erzähle ihn jemandem.

Schreibe in die Sprechblase, was der Vater sagt.

Name:

Schimpfwörter

Die Mutter fragt ihren Sohn und ihre Tochter: „Wer von euch hat unserem Papagei die vielen Schimpfwörter beigebracht?“ Da antwortet Lena: „Ich nicht! Ich habe ihm nur immer die Wörter vorgesprochen, die er nicht sagen darf.“

Was stimmt?

☐ Die Mutter stellt ihrem Sohn und ihrer Tochter eine Frage.
☐ Die Mutter stellt ihrem Sohn und ihrer Tochter keine Frage.

☐ Der Papagei kennt viele Schimpfwörter.
☐ Der Papagei kennt viele Schlupflöcher.

☐ Lena hat dem Papagei die Wörter vorgesprochen, die er nicht sagen darf.
☐ Lena hat dem Papagei die Wörter versprochen, die er nicht sagen darf.

Lerne den Witz auswendig und erzähle ihn jemandem.

Schreibe in die Sprechblase, was die Mutter ihre Kinder fragt.

Name:

Schokolade

Jule hat die Schokolade,
die die Tante mitgebracht hat,
ganz allein aufgegessen.
„Hast du denn nicht
an deinen Bruder gedacht?“,
fragt die Mutter sie.
„Doch, das habe ich!
Deswegen musste ich mich so beeilen.“

Was stimmt?

- [ ] Jule hat die Schokolade von dem Onkel ganz allein aufgegessen.
- [ ] Jule hat die Schokolade von der Tante ganz allein aufgegessen.

- [ ] Jule hat einen Bruder.
- [ ] Julia hat einen Bruder.

- [ ] Jule hat sich beeilt, damit er nichts von der Schokolade abgeben muss.
- [ ] Jule hat sich beeilt, damit er nichts von der Schokolade abbeißen muss.

Lerne den Witz auswendig und erzähle ihn jemandem.

Schreibe auf die Linien, was Jule ihrer Mutter antwortet.

Name:

Eine besondere Begabung

Mira kommt von der Schule nach Hause. Sie läuft in die Küche und ruft: „Mama, stell dir vor, ich kann etwas, was sonst niemand kann!“ „Was denn?“, fragt die Mutter. „Meine Handschrift lesen“, antwortet Mira.

Was stimmt?

- ☐ Mira kommt von der Schule nach Hause.
- ☐ Marie kommt von der Schule nach Hause.

- ☐ Mira läuft in die Küche zu ihrem Vater.
- ☐ Mira läuft in die Küche zu ihrer Mutter.

- ☐ Mira hat eine besondere Behausung: Sie kann ihre Handschrift lesen.
- ☐ Mira hat eine besondere Begabung: Sie kann ihre Handschrift lesen.

Lerne den Witz auswendig und erzähle ihn jemandem.

Schreibe in die Sprechblase, was Mira ihrer Mutter zuruft.

Mama, stell …

____

____

____

Name:

Der Einbrecher

Mitten in der Nacht klettert ein Einbrecher durch das Kinderzimmerfenster. Emilio wacht auf und richtet sich im Bett auf. „Pssst! Ich suche nur euer Geld“, sagt der Einbrecher. „Da suche ich mit“, antwortet Emilio.

Was stimmt?

- [ ] In der Not klettert ein Einbrecher durch das Kinderzimmerfenster.
- [ ] In der Nacht klettert ein Einbrecher durch das Kinderzimmerfenster.

- [ ] Emilio wacht auf und ruht sich im Bett aus.
- [ ] Emilio wacht auf und richtet sich im Bett auf.

- [ ] Der Einbrecher sucht Geld.
- [ ] Der Einbrecher ist ein Held.

Lerne den Witz auswendig und erzähle ihn jemandem.

Schreibe auf die Linien neben der Zeichnung, was der Einbrecher fragt und was Emilio antwortet.

Einbrecher:

____

____

____

____

Name:

Zahnpasta

Luca kommt morgens strahlend
aus dem Badezimmer
und fragt den Vater:
„Papa, weißt du,
wie viel Meter Zahnpasta in einer Tube sind?“
Der Vater schüttelt verneinend den Kopf.
„Aber ich! 12 Meter!“, antwortet Luca stolz.

Was stimmt?

- [ ] Luca kommt morgens strahlend aus dem Badezimmer.
- [ ] Luca kommt abends strahlend aus dem Badezimmer.

- [ ] Luca weiß, wie viel Gramm Zahnpasta in einer Tube sind.
- [ ] Luca weiß, wie viel Meter Zahnpasta in einer Tube sind.

- [ ] Der Vater weiß sofort, wie viel Meter Zahnpasta in einer Tube sind.
- [ ] Der Vater weiß nicht, wie viel Meter Zahnpasta in einer Tube sind.

Lerne den Witz auswendig und erzähle ihn jemandem.

Schreibe in die Sprechblase, was Luca seinen Vater fragt.

Name:

Matilda weiß mehr

Matilda kommt zu ihrem Vater ins Wohnzimmer und fragt ihn: „Weißt du, dass Mädchen schlauer sind als Jungs?“ Der Vater blickt von seinem Buch hoch und antwortet: „Nein, das habe ich nicht gewusst.“ „Siehst du!“, sagt Matilda.

Was stimmt?

☐ Matilda kommt zu ihrem Vater ins Wohnzimmer.
☐ Matilda kommt zu ihrem Bruder ins Wohnzimmer.

☐ Der Vater liest ein Tuch.
☐ Der Vater liest ein Buch.

☐ Vater und Tochter sind im Wohnzimmer.
☐ Vater und Tochter sind im Wohnheim.

Lerne den Witz auswendig und erzähle ihn jemandem.

Schreibe auf die Linien, was Matilda ihren Vater fragt.

____

____

____

Name:

Die Nachtcreme

Am Abend ist Chrissy lange im Badezimmer. Die Mutter kommt herein und fragt: „Was machst du denn die ganze Zeit?“ „Ich suche deine Nachtcreme, weil ich nicht schlafen kann“, antwortet Chrissy.

Was stimmt?

- [ ] Am Abend ist Chrissy lange im Badezimmer.
- [ ] Am Abend ist Christina lange im Badezimmer.

- [ ] Die Mutter kommt ins Badezimmer und fragt, was Chrissy malt.
- [ ] Die Mutter kommt ins Badezimmer und fragt, was Chrissy macht.

- [ ] Chrissy sucht die Nachtcreme der Mutter.
- [ ] Chrissy sucht die Schuhcreme der Mutter.

Lerne den Witz auswendig und erzähle ihn jemandem.

Schreibe auf die Linien, was Chrissy antwortet.

Name:

Ein Gespräch

Mila will mit ihrem Vater unter drei Augen sprechen. „Du meinst, wir müssen unter vier Augen sprechen?“, fragt der Vater nach. „Nein, unter drei. Eins musst du nämlich zudrücken“, sagt Mila.

Was stimmt?

- [ ] Mila will mit ihrem Vater unter drei Ohren sprechen.
- [ ] Mila will mit ihrem Vater unter drei Augen sprechen.

- [ ] Der Vater versteht Mila nicht sofort.
- [ ] Der Vater versteht Mila sofort.

- [ ] Mila möchte, dass der Vater zwei Augen zudrückt.
- [ ] Mila möchte, dass der Vater ein Auge zudrückt.

Lerne den Witz auswendig und erzähle ihn jemandem.

Schreibe in die Sprechblasen, was der Vater fragt und Mila ihm antwortet.

Name:

Schokoriegel

Fee ist mit ihrem Bruder Paul in der Küche. Sie suchen im Küchenschrank nach Süßigkeiten. „Ich bin ganz verrückt nach Schokoriegeln“, sagt Fee zu Paul. „Dass sowas von Schokoriegeln kommt, wusste ich nicht“, antwortet Paul.

Was stimmt?

- [ ] Fee mag sehr gerne Schokokringel.
- [ ] Fee mag sehr gerne Schokoriegel.

- [ ] Fees Bruder heißt Paolo.
- [ ] Fees Bruder heißt Paul.

- [ ] Die Geschwister unterhalten sich in der Kirche.
- [ ] Die Geschwister unterhalten sich in der Küche.

Lerne den Witz auswendig und erzähle ihn jemandem.

Schreibe auf die Linien, was Fee sagt.

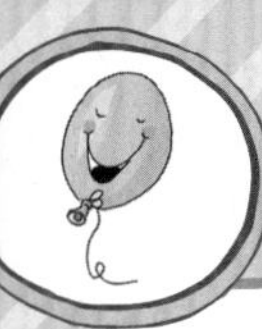

Name:

Vor dem Spiegel

Alex steht mit geschlossenen Augen vor dem Spiegel. Die Mutter kommt herein. Erstaunt schaut sie ihn an und fragt: „Alex, was machst du denn da?“ „Ich will wissen, wie ich beim Schlafen aussehe“, antwortet Alex.

Was stimmt?

☐ Alex steht mit geschlossenen Augen vor dem Spiegel.
☐ Alex steht mit geschlossenen Augen vor dem Spiegelei.

☐ Die Mutter kommt herein und schaut ihn entzückt an.
☐ Die Mutter kommt herein und schaut ihn erstaunt an.

☐ Alex will wissen, wie er beim Schlafen aussieht.
☐ Alex will wissen, wie er bei den Schafen aussieht.

Lerne den Witz auswendig und erzähle ihn jemandem.

Schreibe auf die Linien, was die Mutter fragt und was Alex antwortet.

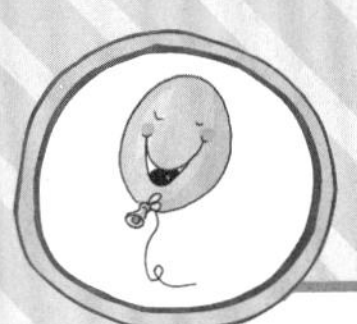

Name:

Zwei Hellseher

Zwei Hellseher treffen sich auf der Kirmes. Die beiden haben sich lange nicht mehr gesehen und umarmen sich heftig. „Wie geht's denn so?“, fragt der eine. „Ich sehe, dass es dir gut geht. Und wie geht's mir?“, fragt der andere zurück.

Was stimmt?

- [ ] Zwei Hellseher treffen dich auf der Kirmes.
- [ ] Zwei Hellseher treffen sich auf der Kirmes.

- [ ] Die beiden haben sich erst vor Kurzem gesehen.
- [ ] Die beiden haben sich lange nicht mehr gesehen.

- [ ] Einer der beiden sagt: „Ich sehe, dass es dir gut geht.“
- [ ] Einer der beiden sagt: „Ich höre, dass es dir gut geht.“

Lerne den Witz auswendig und erzähle ihn jemandem.

Schreibe in die Sprechblasen, was die beiden Hellseher sagen.

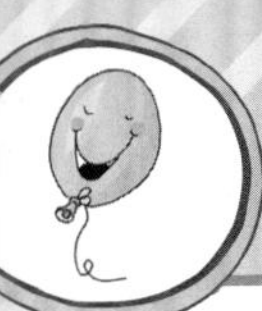

Name:

Zwei Sandkörner unterwegs

Zwei Sandkörner laufen durch eine menschenleere Wüste. Eines der beiden Sandkörner beeilt sich schrecklich und fragt das andere Sandkorn: „Warum beeilst du dich denn so?" Darauf antwortet das erste Sandkorn: „Ich glaube, wir werden verfolgt."

Was stimmt?

- [ ] Zwei Sandkörner springen durch die Wüste.
- [ ] Zwei Sandkörner laufen durch die Wüste.

- [ ] Ein Sandkorn glaubt, dass sie verfolgt werden.
- [ ] Ein Sandwich glaubt, dass sie verfolgt werden.

- [ ] In der Wüste sind keine Menschen.
- [ ] In der Wüste sind kleine Menschen.

Lerne den Witz auswendig und erzähle ihn jemandem.

Schreibe auf die Linien, was das eine Sandkorn fragt und was das andere antwortet.

____

____

____

____

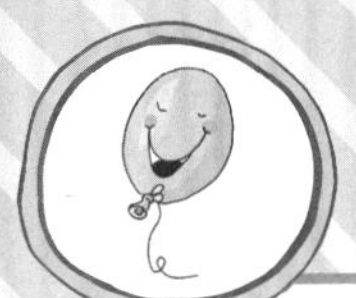

Name:

Ein Stofftier im Kühlschrank

Die Mutter öffnet den Kühlschrank. „Henry, warum hast du denn deinen Teddybären ins Eisfach gelegt?“, fragt sie überrascht. „Weil ich einen Eisbären haben will“, antwortet Henry.

Was stimmt?

- [ ] Die Mutter schließt den Kühlschrank.
- [ ] Die Mutter öffnet den Kühlschrank.

- [ ] Die Mutter ist überrascht, weil ein Eisbär im Kühlschrank ist.
- [ ] Die Mutter ist überrascht, weil ein Teddybär im Kühlschrank ist.

- [ ] Henry hat seinen Teddybären in den Kühlschrank gelegt.
- [ ] Henry hat seinen Teddybären auf den Kühlschrank gelegt.

Lerne den Witz auswendig und erzähle ihn jemandem.

Schreibe auf die Linien, was die Mutter fragt und was Henry antwortet.

Name:

Zwei Rühreier in der Pfanne

In der Pfanne treffen sich zwei Rühreier. Fragt das eine das andere: „Lang nicht mehr gesehen! Wie geht’s dir denn so?“ Antwortet das andere: „Merkwürdig! Ich bin so durcheinander!“

Was stimmt?

- [ ] In der Pfanne treffen sich zwei Rühreier.
- [ ] In der Pfanne treffen sich zwei Rübeneier.

- [ ] Die beiden Eier haben sich schon lange nicht mehr gesehen.
- [ ] Die beiden Eier haben dich schon lange nicht mehr gesehen.

- [ ] Ein Rührei fühlt sich beieinander.
- [ ] Ein Rührei fühlt sich durcheinander.

Lerne den Witz auswendig und erzähle ihn jemandem.

Schreibe in die Sprechblasen, was die beiden Rühreier sagen.

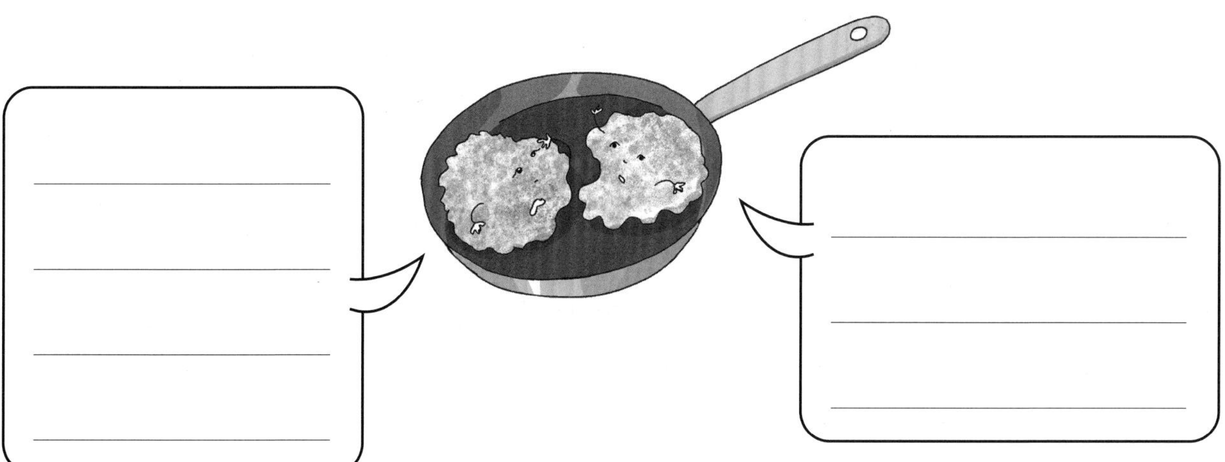

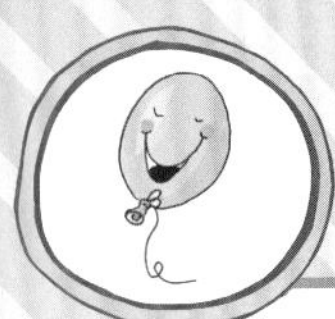

Name:

Unterhalten sich zwei Vampire

Zwei Vampire treffen sich um Mitternacht auf dem Friedhof. Sie setzen sich auf einen Grabstein und unterhalten sich. „Wie geht's denn so?", fragt der eine. Darauf der andere: „Ich beiß mich so durch."

Was stimmt?

- ☐ Zwei Vampire treffen sich zwischen dem Friedhof.
- ☐ Zwei Vampire treffen sich auf dem Friedhof.

- ☐ Die Vampire setzen sich auf einen Grabstein.
- ☐ Die Vampire setzen sich auf einen Grabdeckel.

- ☐ Es ist Mitternacht.
- ☐ Es ist mittlere Nacht.

Lerne den Witz auswendig und erzähle ihn jemandem.

Schreibe in die Sprechblasen, was die beiden Vampire sagen.

A. Neubauer: 80 Witze für mehr Textverständnis Klasse 2–4

Name:

Zahnstocher unterwegs

Zwei Zahnstocher laufen einen Berg hoch. Da geht ein Igel an ihnen vorbei. Sagt der eine Zahnstocher zu dem anderen: „So was Blödes! Wenn wir gewusst hätten, dass hier ein Bus fährt, hätten wir nicht zu Fuß gehen müssen.“

Was stimmt?

☐ Zwei Zahnstocher laufen einen Berg hoch.
☐ Zwei Zahnstocher laufen einen Berg hinunter.

☐ Ein Igel geht an den Zahnlöchern vorbei.
☐ Ein Igel geht an den Zahnstochern vorbei.

☐ Die Zahnstocher denken, dass der Igel ein Bus ist.
☐ Die Zahnstocher denken, dass der Igel ein Kuss ist.

Lerne den Witz auswendig und erzähle ihn jemandem.

Schreibe in die Sprechblase, was der Zahnstocher sagt.

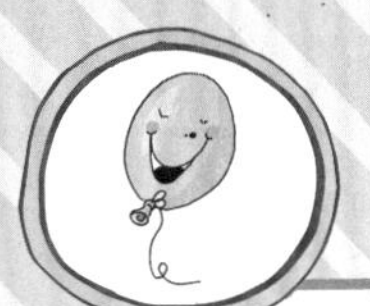

Name:

Sonnenuntergang

Frau und Herr Krautwurm sind im Urlaub. Herr Krautwurm sitzt auf dem Balkon und schaut sich den Sonnenuntergang an. „Wie lange willst du dir denn noch ansehen, wie die Sonne untergeht?“ fragt Frau Krautwurm. „So lange, bis es zischt“, antwortet ihr Mann.

Was stimmt?

- ☐ Frau und Herr Krautwurm sind im Urwald.
- ☐ Frau und Herr Krautwurm sind im Urlaub.

- ☐ Herr Krautwurm sitzt auf dem Balkon.
- ☐ Frau Krautwurm sitzt auf dem Balkon.

- ☐ Herr Kautwurm schaut sich den Sonnenuntergang an.
- ☐ Herr Krautwurm schaut sich den Sonnenuntergang an.

Lerne den Witz auswendig und erzähle ihn jemandem.

Schreibe auf die Linien, was Frau Krautwurm fragt und Herr Krautwurm antwortet.

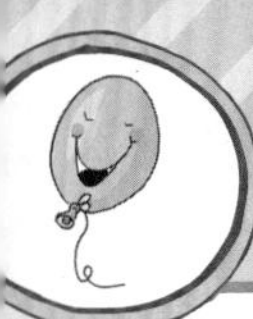

Name:

Zwei Paar Schuhe

Leila ist auf dem Weg zu ihrer Tante. Als sie vor der Tür steht, klingelt sie. Die Tante öffnet und entdeckt Leilas Schuhe. „Du hast ja zwei verschiedene Schuhe an!“, stellt die Tante fest. „Stell dir vor: Zu Hause habe ich noch so ein Paar“, antwortet Leila.

Was stimmt?

☐ Leila ist auf dem Weg zu ihrer Tante.
☐ Lila ist auf dem Weg zu ihrer Tante.

☐ Als Leila vor der Tür steht und knistert, öffnet die Tante.
☐ Als Leila vor der Tür steht und klingelt, öffnet die Tante.

☐ Die Tante sieht, dass Leila zwei verwunschene Schuhe anhat.
☐ Die Tante sieht, dass Leila zwei verschiedene Schuhe anhat.

Lerne den Witz auswendig und erzähle ihn jemandem.

Schreibe in die Sprechblasen, was die Tante und Leila sagen.

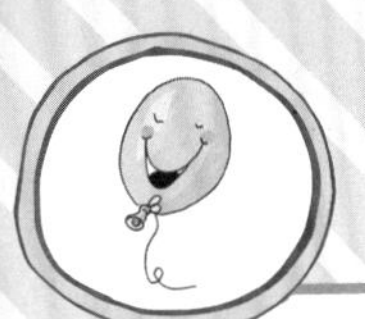

Name:

Der Kirschbaum

Ein Bauer sieht zwei Jungen
auf seinem Kirschbaum.
Schnell läuft er zu ihnen und ruft:
„Esst ihr etwa meine Kirschen auf?“
„Nein, wir hängen sie auf!“,
antwortet einer der beiden.

Was stimmt?

☐ Ein Bauer sieht zwei Jungen auf seinem Kirschbaum.
☐ Ein Bauer sieht drei Jungen auf seinem Kirschbaum.

☐ Der Bauer läuft schnell mit den Jungen.
☐ Der Bauer läuft schnell zu den Jungen.

☐ Der Bauer fragt, ob die Jungen seine Kirschen essen.
☐ Der Bauer fragt, ob die Jungen seine Kirchen essen.

Lerne den Witz auswendig und erzähle ihn jemandem.

Schreibe auf die Linien, was der Junge dem Bauern auf seine Frage sagt.

____

____

Lösungen

Name:

Das kleine Känguru

Ein kleines Känguru sitzt im Beutel seiner Mutter. Es steckt den Kopf heraus. Über ihm fliegt ein Glühwürmchen. Das fragt das kleine Känguru: „Mama, darf das Glühwürmchen zu mir? Ich will noch lesen."

Was stimmt?

- [ ] Ein kleines Känguru springt im Beutel.
- [x] Ein kleines Känguru sitzt im Beutel.

- [ ] Es will nicht lesen.
- [x] Es will noch lesen.

- [x] Seine Mutter ist bei ihm.
- [ ] Sein Vater ist bei ihm.

Lerne den Witz auswendig und erzähle ihn jemandem.

Schreibe in die Sprechblase, was das Känguru fragt.

Name:

Treffen sich zwei Mäuse

Zwei Mäuse treffen sich vor einem Mäuseloch und überlegen, wo sie etwas zum Fressen finden. Auf einmal fliegt eine Fledermaus vorbei. Da sagt die eine Maus zur anderen: „Toll! Wenn ich groß bin, werde ich auch Pilot."

Was stimmt?

- [ ] Zwei Mäuse treffen sich vor einem Mäusekoch.
- [x] Zwei Mäuse treffen sich vor einem Mäuseloch.

- [x] Auf einmal fliegt eine Fledermaus vorbei.
- [ ] Auf einmal kriecht eine Fledermaus vorbei.

- [ ] Eine der beiden Mäuse will später Polizist werden.
- [x] Eine der beiden Mäuse will später Pilot werden.

Lerne den Witz auswendig und erzähle ihn jemandem.

Schreibe in die Sprechblase, was die Maus sagt.

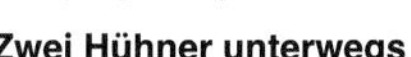

Name:

Zwei Hühner unterwegs

Zwei Hühner schlendern durch den Supermarkt. Sie wollen einkaufen. Plötzlich sieht ein Huhn einen Eierbecher und sagt zum anderen Huhn: „Schau mal, das ist aber ein toller Kinderwagen!"

Was stimmt?

- [x] Ein Huhn sieht einen Eierbecher
- [ ] Ein Hahn sieht einen Eierbecher.

- [x] Zwei Hühner schlendern durch den Supermarkt.
- [ ] Zwei Hühner wandern durch den Supermarkt.

- [x] Ein Huhn sieht einen Eierbecher.
- [ ] Ein Huhn sitzt auf einem Eierbecher.

Lerne den Witz auswendig und erzähle ihn jemandem.

Schreibe in die Sprechblase, was das Huhn sagt.

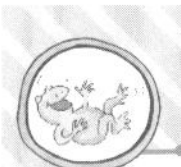

Name:

Ziegen auf der Wiese

Zwei Ziegen treffen sich auf einer grünen Wiese und unterhalten sich. Sagt die eine Ziege: „Ich gehe heute Abend tanzen. Kommst du mit?" Da antwortet die andere Ziege: „Leider nein, ich habe keinen Bock."

Was stimmt?

- [ ] Zwei Ziegel treffen sich auf der Wiese.
- [x] Zwei Ziegen treffen sich auf der Wiese.

- [x] Eine Ziege will abends tanzen.
- [ ] Eine Ziege will morgens tanzen.

- [x] Eine der beiden Ziegen hat keinen Bock zum Tanzen.
- [ ] Eine der beiden Ziegen hat keinen Rock zum Tanzen.

Lerne den Witz auswendig und erzähle ihn jemandem.

Schreibe in die Sprechblasen, was die Ziegen sagen.

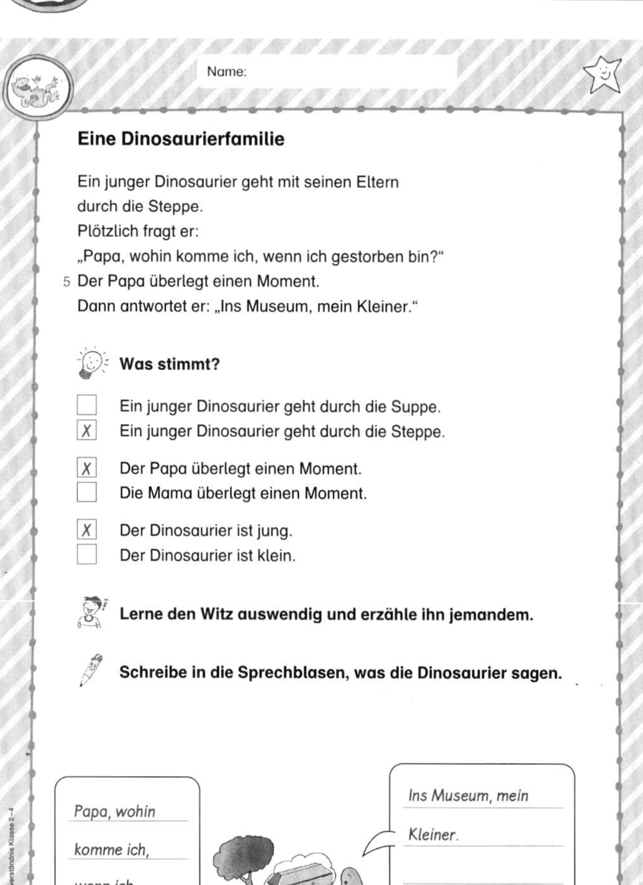

Name:

Eine Dinosaurierfamilie

Ein junger Dinosaurier geht mit seinen Eltern durch die Steppe. Plötzlich fragt er: „Papa, wohin komme ich, wenn ich gestorben bin?“ Der Papa überlegt einen Moment. Dann antwortet er: „Ins Museum, mein Kleiner.“

Was stimmt?

- [ ] Ein junger Dinosaurier geht durch die Suppe.
- [x] Ein junger Dinosaurier geht durch die Steppe.

- [x] Der Papa überlegt einen Moment.
- [ ] Die Mama überlegt einen Moment.

- [x] Der Dinosaurier ist jung.
- [ ] Der Dinosaurier ist klein.

Lerne den Witz auswendig und erzähle ihn jemandem.

Schreibe in die Sprechblasen, was die Dinosaurier sagen.

11

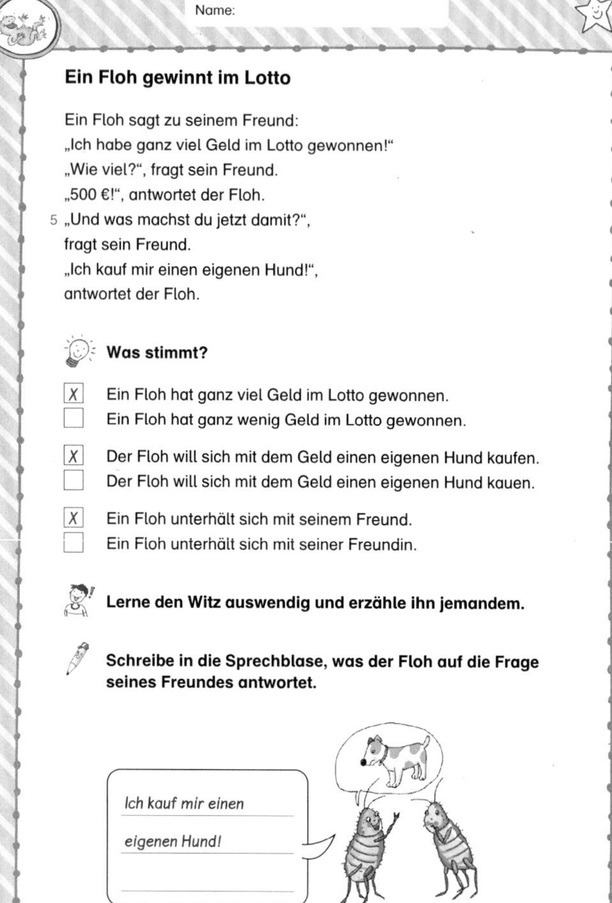

Name:

Ein Floh gewinnt im Lotto

Ein Floh sagt zu seinem Freund: „Ich habe ganz viel Geld im Lotto gewonnen!“ „Wie viel?“, fragt sein Freund. „500 €!“, antwortet der Floh. „Und was machst du jetzt damit?“, fragt sein Freund. „Ich kauf mir einen eigenen Hund!“, antwortet der Floh.

Was stimmt?

- [x] Ein Floh hat ganz viel Geld im Lotto gewonnen.
- [ ] Ein Floh hat ganz wenig Geld im Lotto gewonnen.

- [x] Der Floh will sich mit dem Geld einen eigenen Hund kaufen.
- [ ] Der Floh will sich mit dem Geld einen eigenen Hund kauen.

- [x] Ein Floh unterhält sich mit seinem Freund.
- [ ] Ein Floh unterhält sich mit seiner Freundin.

Lerne den Witz auswendig und erzähle ihn jemandem.

Schreibe in die Sprechblase, was der Floh auf die Frage seines Freundes antwortet.

12

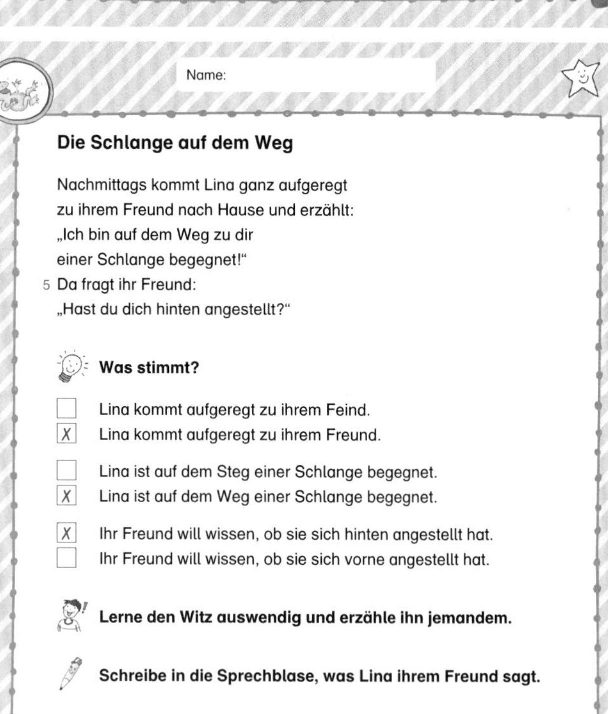

Name:

Die Schlange auf dem Weg

Nachmittags kommt Lina ganz aufgeregt zu ihrem Freund nach Hause und erzählt: „Ich bin auf dem Weg zu dir einer Schlange begegnet!“ Da fragt ihr Freund: „Hast du dich hinten angestellt?“

Was stimmt?

- [ ] Lina kommt aufgeregt zu ihrem Feind.
- [x] Lina kommt aufgeregt zu ihrem Freund.

- [ ] Lina ist auf dem Steg einer Schlange begegnet.
- [x] Lina ist auf dem Weg einer Schlange begegnet.

- [x] Ihr Freund will wissen, ob sie sich hinten angestellt hat.
- [ ] Ihr Freund will wissen, ob sie sich vorne angestellt hat.

Lerne den Witz auswendig und erzähle ihn jemandem.

Schreibe in die Sprechblase, was Lina ihrem Freund sagt.

13

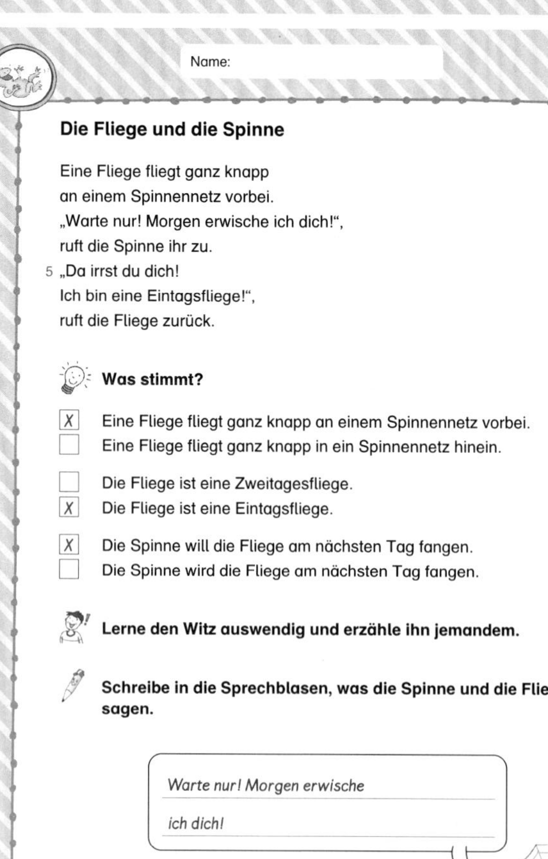

Name:

Die Fliege und die Spinne

Eine Fliege fliegt ganz knapp an einem Spinnennetz vorbei. „Warte nur! Morgen erwische ich dich!“, ruft die Spinne ihr zu. „Da irrst du dich! Ich bin eine Eintagsfliege!“, ruft die Fliege zurück.

Was stimmt?

- [x] Eine Fliege fliegt ganz knapp an einem Spinnennetz vorbei.
- [ ] Eine Fliege fliegt ganz knapp in ein Spinnennetz hinein.

- [ ] Die Fliege ist eine Zweitagesfliege.
- [x] Die Fliege ist eine Eintagsfliege.

- [x] Die Spinne will die Fliege am nächsten Tag fangen.
- [ ] Die Spinne wird die Fliege am nächsten Tag fangen.

Lerne den Witz auswendig und erzähle ihn jemandem.

Schreibe in die Sprechblasen, was die Spinne und die Fliege sagen.

14

Lösungen

Name:

Treffen sich zwei Schnecken

Zwei Schnecken treffen sich am Wegesrand. „Was ist denn mit deinem Auge passiert? Das ist ja ganz blau“, sagt die eine. „Ich bin gestern wie immer durch den Wald gekrochen. Da schießt plötzlich ein Pilz aus dem Boden.“

Was stimmt?

- [x] Zwei Schnecken treffen sich am Wegesrand.
- [ ] Drei Schnecken treffen sich am Wegesrand.

- [x] Eine Schnecke hat ein blaues Auge.
- [ ] Eine Schnecke hat ein grünes Auge.

- [ ] Plötzlich ist ein Pilz aus dem Boden geflossen.
- [x] Plötzlich ist ein Pilz aus dem Boden geschossen.

Lerne den Witz auswendig und erzähle ihn jemandem.

Schreibe in die Sprechblase, was die Schnecke antwortet.

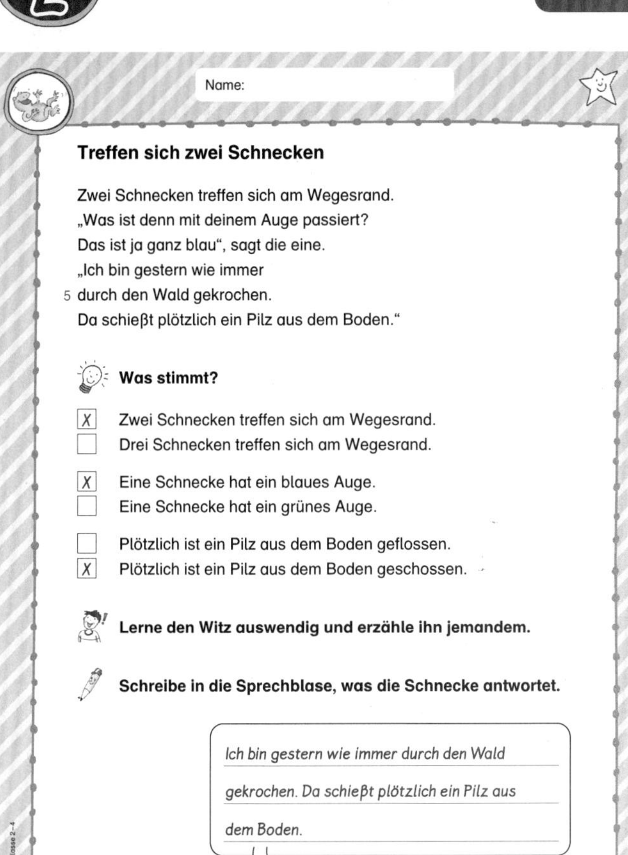

Name:

Ein Tausendfüßler zu Besuch

„Warum kommst du denn so spät zum Essen?“, fragt die Blindschleiche den Tausendfüßler. „Draußen hängt ein Schild, auf dem steht: Bitte Füße abputzen!“, antwortet der Tausendfüßler.

Was stimmt?

- [x] Eine Blindschleiche unterhält sich mit einem Tausendfüßler.
- [ ] Eine Blindschleiche unterhält sich mit einem Hundertfüßler.

- [x] Der Tausendfüßler kommt zu spät zum Essen.
- [ ] Die Blindschleiche kommt zu spät zum Essen.

- [x] Auf dem Schild steht: Bitte Füße abputzen!
- [ ] Auf dem Schild steht: Bitte Füße ablutschen!

Lerne den Witz auswendig und erzähle ihn jemandem.

Schreibe in die Sprechblase, was der Tausendfüßler sagt.

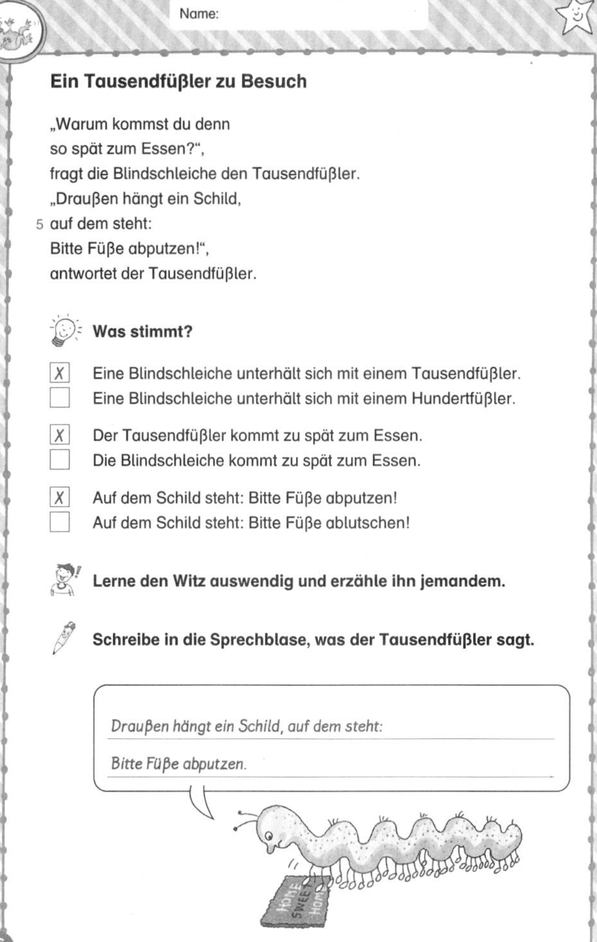

Name:

Im Deutschunterricht

In der Schule zählt die Lehrerin auf: „Ich gehe, du gehst, er geht, wir gehen, ihr geht, sie gehen. Mia, sagst du mir bitte, was das bedeutet?“ Mia überlegt und antwortet: „Jetzt sind sie alle weg.“

Was stimmt?

- [x] Im Unterricht zählt die Lehrerin Wörter auf.
- [ ] In der Pause zählt die Lehrerin Wörter auf.

- [x] Die Lehrerin nimmt Mia an die Reihe.
- [ ] Die Lehrerin nimmt Mia an die Leine.

- [x] Mia überlegt, bevor sie antwortet.
- [ ] Mia überlegt, nachdem sie antwortet.

Lerne den Witz auswendig und erzähle ihn jemandem.

Schreibe in die Sprechblase, was Mia der Lehrerin antwortet.

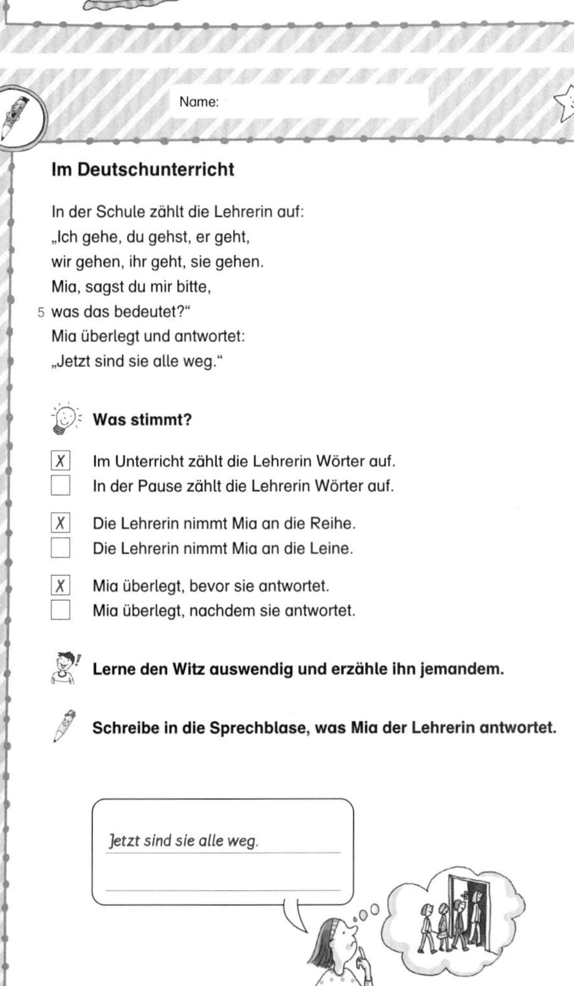

Name:

Das Diktat

Der Lehrer gibt in der Schule die Klassenarbeiten zurück. Als er an der Bank von Tim und Marie steht, fragt er: „Tim, du hast dieselben Fehler wie Marie. Erklärst du mir das bitte?“ „Wir haben denselben Lehrer“, antwortet Tim.

Was stimmt?

- [ ] Die Lehrerin gibt in der Schule Klassenarbeiten zurück.
- [x] Der Lehrer gibt in der Schule Klassenarbeiten zurück.

- [ ] Der Lehrer bittet Marie um eine Erklärung.
- [x] Der Lehrer bittet Tim um eine Erklärung.

- [x] Tim und Marie haben dieselben Fehler.
- [ ] Tim und Maria haben dieselben Fehler.

Lerne den Witz auswendig und erzähle ihn jemandem.

Schreibe in die Sprechblasen, was der Lehrer und Tim sagen.

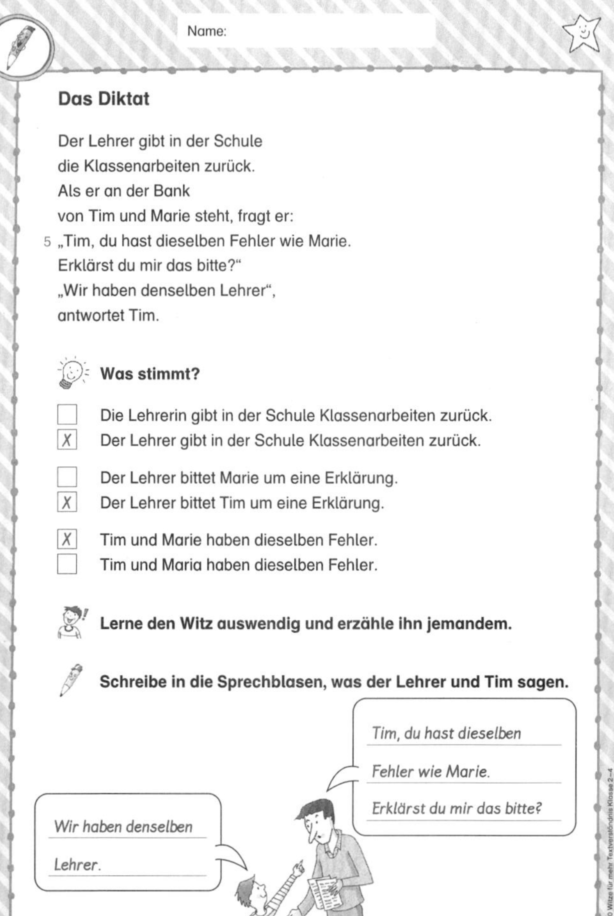

Lösungen

Name:

Am frühen Morgen

Ben hetzt in das Klassenzimmer. Er kommt wieder zu spät zum Unterricht. „Hast du keinen Wecker?“, fragt ihn die Lehrerin genervt. „Doch, aber wenn der klingelt, schlafe ich noch!“, antwortet Ben.

Was stimmt?

- [x] Ben kommt wieder zu spät zum Unterricht.
- [ ] Benno kommt wieder zu spät zum Unterricht.

- [x] Ben hat einen Wecker.
- [ ] Ben hat keinen Wecker.

- [ ] Ben hetzt in das Kassenzimmer.
- [x] Ben hetzt in das Klassenzimmer.

Lerne den Witz auswendig und erzähle ihn jemandem.

Schreibe in die Sprechblase, was Ben der Lehrerin antwortet.

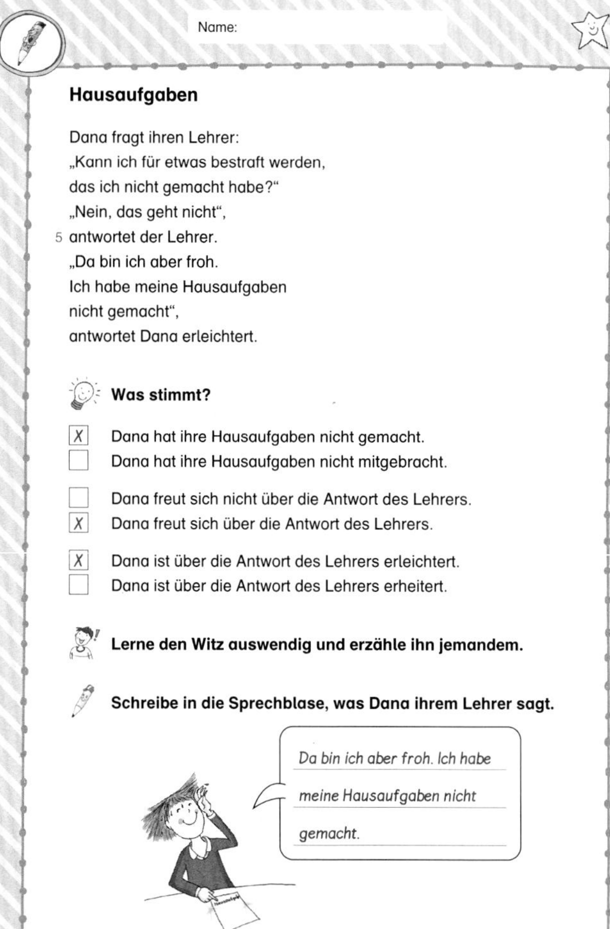

Name:

Hausaufgaben

Dana fragt ihren Lehrer: „Kann ich für etwas bestraft werden, das ich nicht gemacht habe?“ „Nein, das geht nicht“, antwortet der Lehrer. „Da bin ich aber froh. Ich habe meine Hausaufgaben nicht gemacht“, antwortet Dana erleichtert.

Was stimmt?

- [x] Dana hat ihre Hausaufgaben nicht gemacht.
- [ ] Dana hat ihre Hausaufgaben nicht mitgebracht.

- [ ] Dana freut sich nicht über die Antwort des Lehrers.
- [x] Dana freut sich über die Antwort des Lehrers.

- [x] Dana ist über die Antwort des Lehrers erleichtert.
- [ ] Dana ist über die Antwort des Lehrers erheitert.

Lerne den Witz auswendig und erzähle ihn jemandem.

Schreibe in die Sprechblase, was Dana ihrem Lehrer sagt.

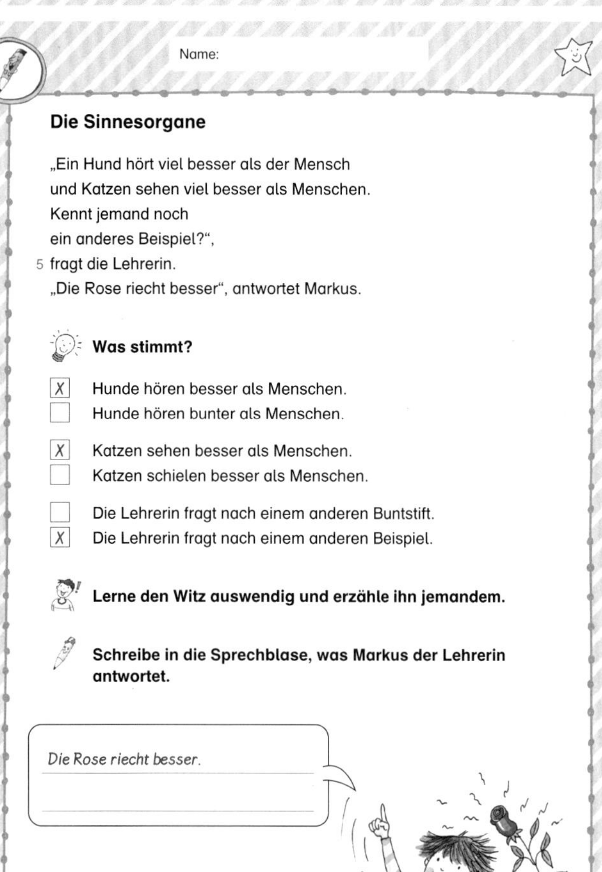

Name:

Die Sinnesorgane

„Ein Hund hört viel besser als der Mensch und Katzen sehen viel besser als Menschen. Kennt jemand noch ein anderes Beispiel?“, fragt die Lehrerin. „Die Rose riecht besser“, antwortet Markus.

Was stimmt?

- [x] Hunde hören besser als Menschen.
- [ ] Hunde hören bunter als Menschen.

- [x] Katzen sehen besser als Menschen.
- [ ] Katzen schielen besser als Menschen.

- [ ] Die Lehrerin fragt nach einem anderen Buntstift.
- [x] Die Lehrerin fragt nach einem anderen Beispiel.

Lerne den Witz auswendig und erzähle ihn jemandem.

Schreibe in die Sprechblase, was Markus der Lehrerin antwortet.

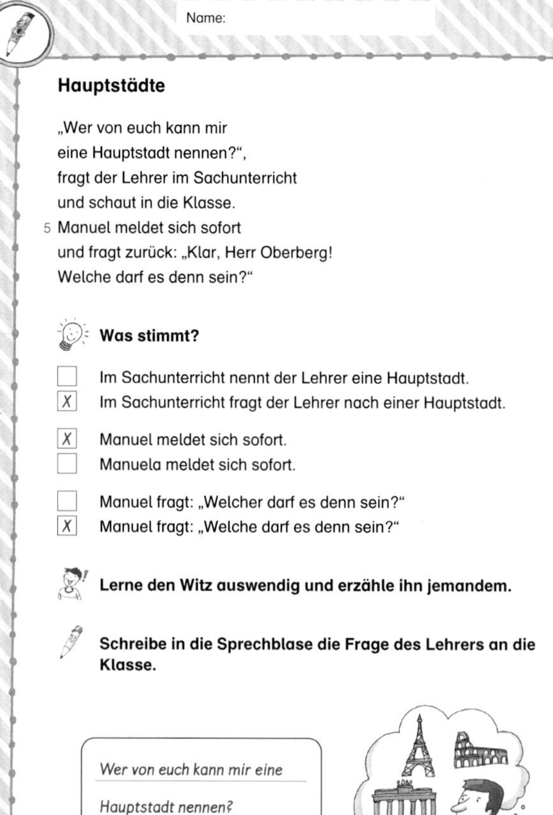

Name:

Hauptstädte

„Wer von euch kann mir eine Hauptstadt nennen?“, fragt der Lehrer im Sachunterricht und schaut in die Klasse. Manuel meldet sich sofort und fragt zurück: „Klar, Herr Oberberg! Welche darf es denn sein?“

Was stimmt?

- [ ] Im Sachunterricht nennt der Lehrer eine Hauptstadt.
- [x] Im Sachunterricht fragt der Lehrer nach einer Hauptstadt.

- [x] Manuel meldet sich sofort.
- [ ] Manuela meldet sich sofort.

- [ ] Manuel fragt: „Welcher darf es denn sein?“
- [x] Manuel fragt: „Welche darf es denn sein?“

Lerne den Witz auswendig und erzähle ihn jemandem.

Schreibe in die Sprechblase die Frage des Lehrers an die Klasse.

Lösungen

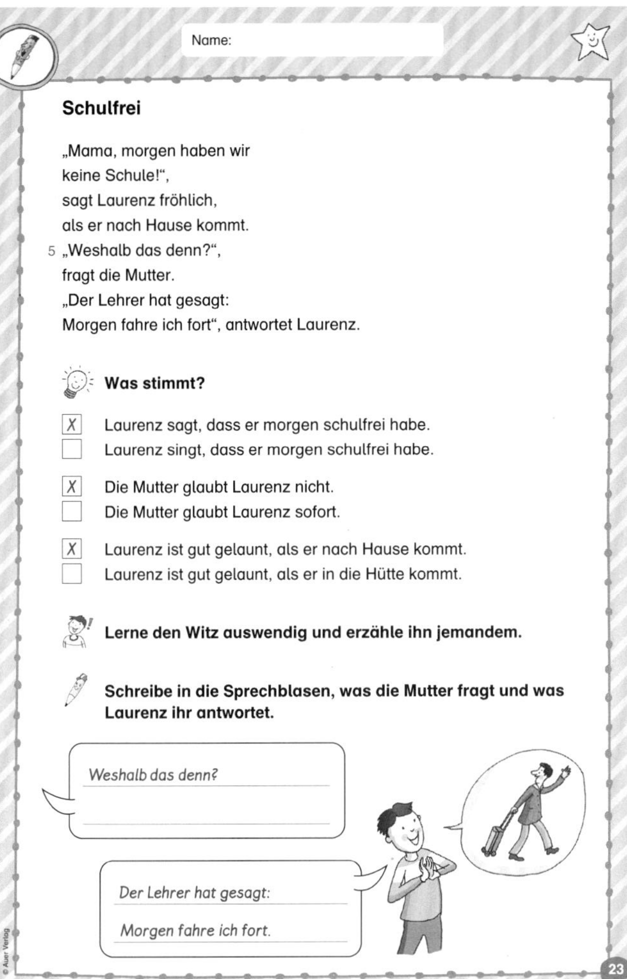

Name:

Schulfrei

„Mama, morgen haben wir keine Schule!“, sagt Laurenz fröhlich, als er nach Hause kommt. „Weshalb das denn?“, fragt die Mutter. „Der Lehrer hat gesagt: Morgen fahre ich fort“, antwortet Laurenz.

Was stimmt?

- [x] Laurenz sagt, dass er morgen schulfrei habe.
- [ ] Laurenz singt, dass er morgen schulfrei habe.

- [x] Die Mutter glaubt Laurenz nicht.
- [ ] Die Mutter glaubt Laurenz sofort.

- [x] Laurenz ist gut gelaunt, als er nach Hause kommt.
- [ ] Laurenz ist gut gelaunt, als er in die Hütte kommt.

Lerne den Witz auswendig und erzähle ihn jemandem.

Schreibe in die Sprechblasen, was die Mutter fragt und was Laurenz ihr antwortet.

Weshalb das denn?

Der Lehrer hat gesagt: Morgen fahre ich fort.

23

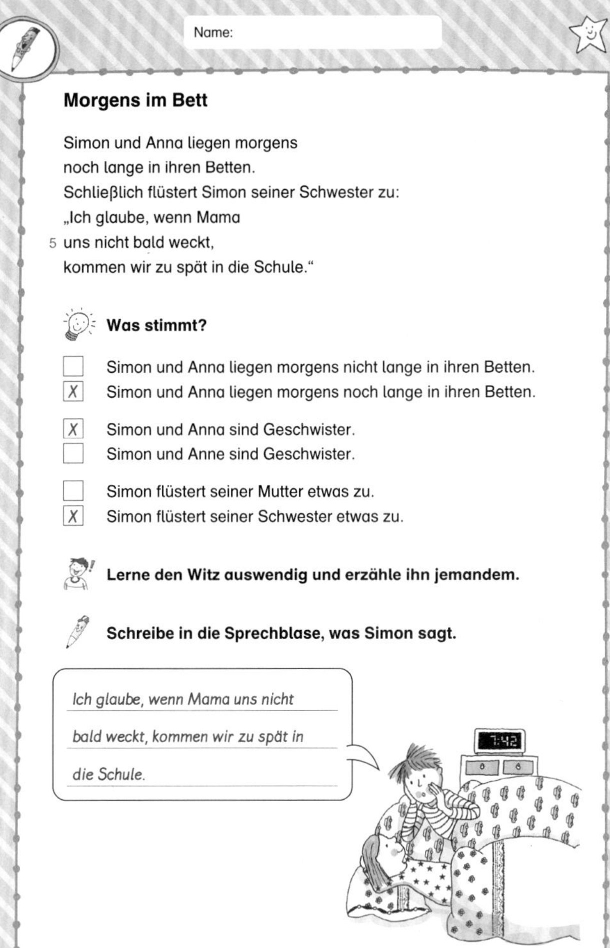

Name:

Morgens im Bett

Simon und Anna liegen morgens noch lange in ihren Betten. Schließlich flüstert Simon seiner Schwester zu: „Ich glaube, wenn Mama uns nicht bald weckt, kommen wir zu spät in die Schule.“

Was stimmt?

- [ ] Simon und Anna liegen morgens nicht lange in ihren Betten.
- [x] Simon und Anna liegen morgens noch lange in ihren Betten.

- [x] Simon und Anna sind Geschwister.
- [ ] Simon und Anne sind Geschwister.

- [ ] Simon flüstert seiner Mutter etwas zu.
- [x] Simon flüstert seiner Schwester etwas zu.

Lerne den Witz auswendig und erzähle ihn jemandem.

Schreibe in die Sprechblase, was Simon sagt.

Ich glaube, wenn Mama uns nicht bald weckt, kommen wir zu spät in die Schule.

24

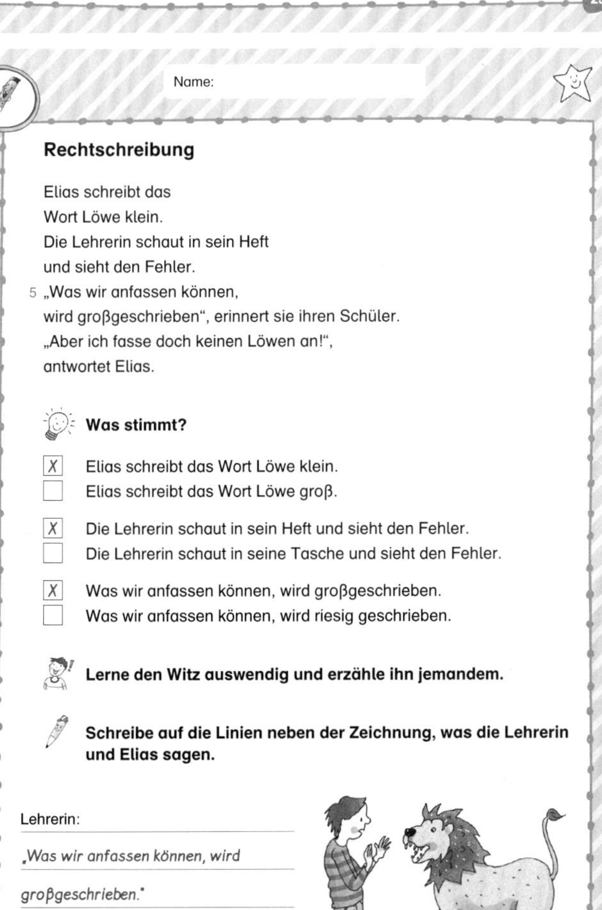

Name:

Rechtschreibung

Elias schreibt das Wort Löwe klein. Die Lehrerin schaut in sein Heft und sieht den Fehler. „Was wir anfassen können, wird großgeschrieben“, erinnert sie ihren Schüler. „Aber ich fasse doch keinen Löwen an!“, antwortet Elias.

Was stimmt?

- [x] Elias schreibt das Wort Löwe klein.
- [ ] Elias schreibt das Wort Löwe groß.

- [x] Die Lehrerin schaut in sein Heft und sieht den Fehler.
- [ ] Die Lehrerin schaut in seine Tasche und sieht den Fehler.

- [x] Was wir anfassen können, wird großgeschrieben.
- [ ] Was wir anfassen können, wird riesig geschrieben.

Lerne den Witz auswendig und erzähle ihn jemandem.

Schreibe auf die Linien neben der Zeichnung, was die Lehrerin und Elias sagen.

Lehrerin:

„Was wir anfassen können, wird großgeschrieben.“

Elias:

„Aber ich fasse doch keinen Löwen an!“

25

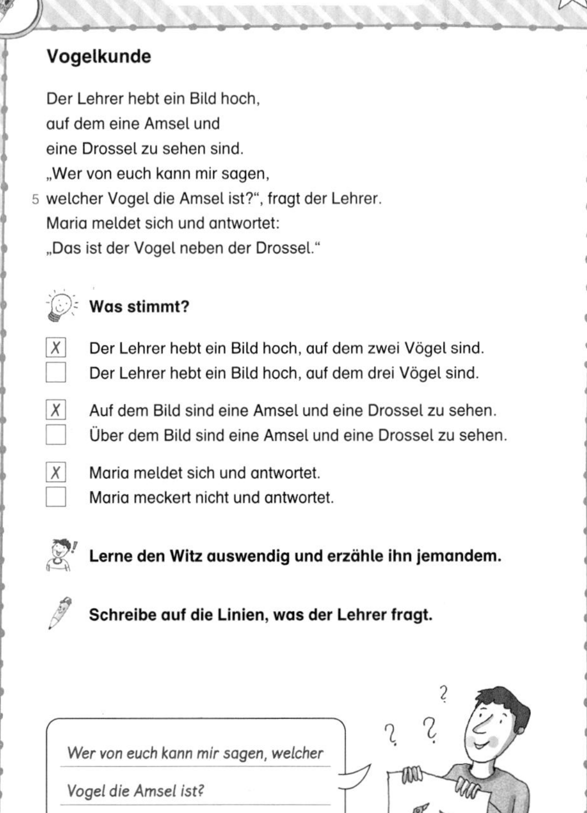

Name:

Vogelkunde

Der Lehrer hebt ein Bild hoch, auf dem eine Amsel und eine Drossel zu sehen sind. „Wer von euch kann mir sagen, welcher Vogel die Amsel ist?“, fragt der Lehrer. Maria meldet sich und antwortet: „Das ist der Vogel neben der Drossel.“

Was stimmt?

- [x] Der Lehrer hebt ein Bild hoch, auf dem zwei Vögel sind.
- [ ] Der Lehrer hebt ein Bild hoch, auf dem drei Vögel sind.

- [x] Auf dem Bild sind eine Amsel und eine Drossel zu sehen.
- [ ] Über dem Bild sind eine Amsel und eine Drossel zu sehen.

- [x] Maria meldet sich und antwortet.
- [ ] Maria meckert nicht und antwortet.

Lerne den Witz auswendig und erzähle ihn jemandem.

Schreibe auf die Linien, was der Lehrer fragt.

Wer von euch kann mir sagen, welcher Vogel die Amsel ist?

26

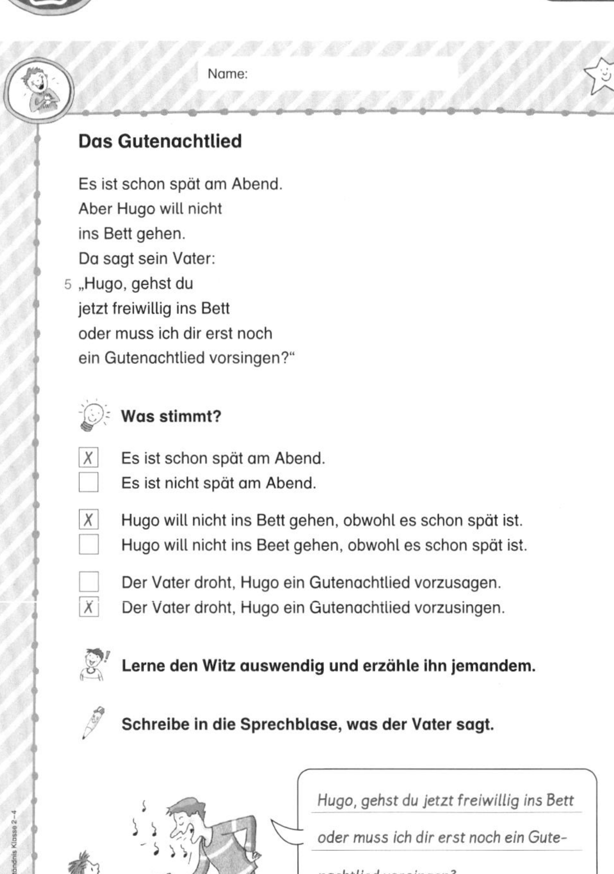

Name:

Das Gutenachtlied

Es ist schon spät am Abend. Aber Hugo will nicht ins Bett gehen. Da sagt sein Vater: „Hugo, gehst du jetzt freiwillig ins Bett oder muss ich dir erst noch ein Gutenachtlied vorsingen?“

Was stimmt?

- [X] Es ist schon spät am Abend.
- [ ] Es ist nicht spät am Abend.

- [X] Hugo will nicht ins Bett gehen, obwohl es schon spät ist.
- [ ] Hugo will nicht ins Beet gehen, obwohl es schon spät ist.

- [ ] Der Vater droht, Hugo ein Gutenachtlied vorzusagen.
- [X] Der Vater droht, Hugo ein Gutenachtlied vorzusingen.

Lerne den Witz auswendig und erzähle ihn jemandem.

Schreibe in die Sprechblase, was der Vater sagt.

Hugo, gehst du jetzt freiwillig ins Bett oder muss ich dir erst noch ein Gutenachtlied vorsingen?

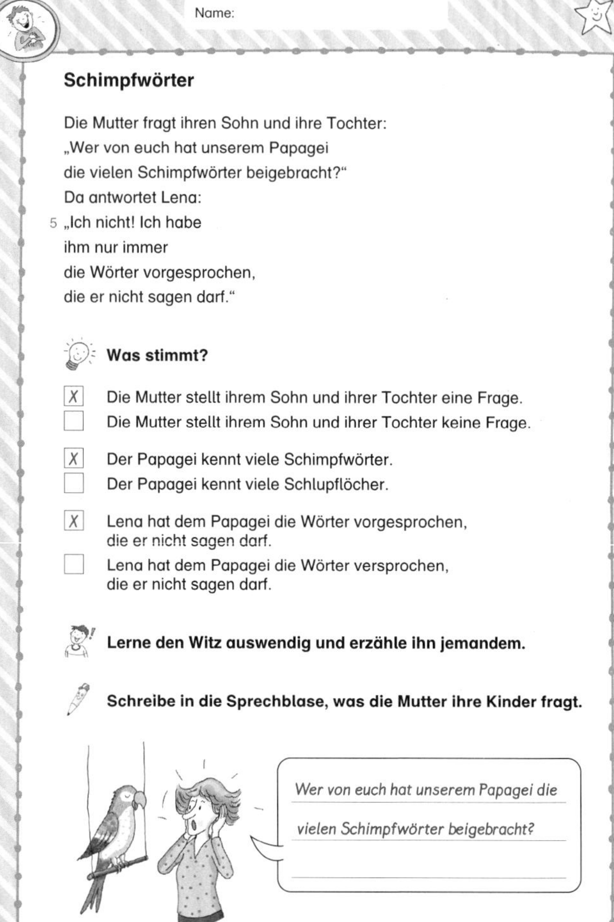

Name:

Schimpfwörter

Die Mutter fragt ihren Sohn und ihre Tochter: „Wer von euch hat unserem Papagei die vielen Schimpfwörter beigebracht?“ Da antwortet Lena: „Ich nicht! Ich habe ihm nur immer die Wörter vorgesprochen, die er nicht sagen darf.“

Was stimmt?

- [X] Die Mutter stellt ihrem Sohn und ihrer Tochter eine Frage.
- [ ] Die Mutter stellt ihrem Sohn und ihrer Tochter keine Frage.

- [X] Der Papagei kennt viele Schimpfwörter.
- [ ] Der Papagei kennt viele Schlupflöcher.

- [X] Lena hat dem Papagei die Wörter vorgesprochen, die er nicht sagen darf.
- [ ] Lena hat dem Papagei die Wörter versprochen, die er nicht sagen darf.

Lerne den Witz auswendig und erzähle ihn jemandem.

Schreibe in die Sprechblase, was die Mutter ihre Kinder fragt.

Wer von euch hat unserem Papagei die vielen Schimpfwörter beigebracht?

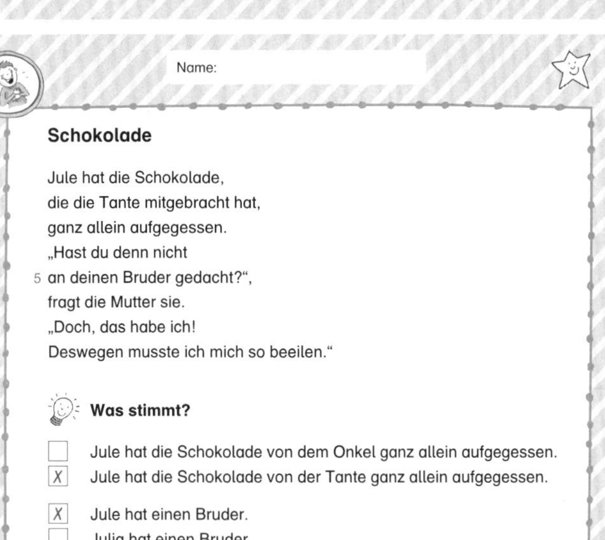

Name:

Schokolade

Jule hat die Schokolade, die die Tante mitgebracht hat, ganz allein aufgegessen. „Hast du denn nicht an deinen Bruder gedacht?“, fragt die Mutter sie. „Doch, das habe ich! Deswegen musste ich mich so beeilen.“

Was stimmt?

- [ ] Jule hat die Schokolade von dem Onkel ganz allein aufgegessen.
- [X] Jule hat die Schokolade von der Tante ganz allein aufgegessen.

- [X] Jule hat einen Bruder.
- [ ] Julia hat einen Bruder.

- [X] Jule hat sich beeilt, damit er nichts von der Schokolade abgeben muss.
- [ ] Jule hat sich beeilt, damit er nichts von der Schokolade abbeißen muss.

Lerne den Witz auswendig und erzähle ihn jemandem.

Schreibe auf die Linien, was Jule ihrer Mutter antwortet.

Doch, das habe ich! Deswegen musste ich mich so beeilen.

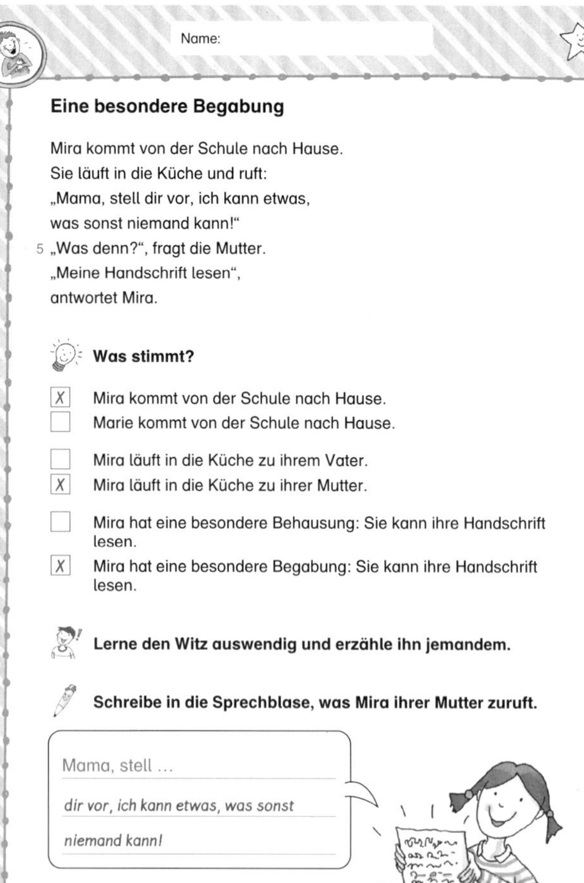

Name:

Eine besondere Begabung

Mira kommt von der Schule nach Hause. Sie läuft in die Küche und ruft: „Mama, stell dir vor, ich kann etwas, was sonst niemand kann!“ „Was denn?“, fragt die Mutter. „Meine Handschrift lesen“, antwortet Mira.

Was stimmt?

- [X] Mira kommt von der Schule nach Hause.
- [ ] Marie kommt von der Schule nach Hause.

- [ ] Mira läuft in die Küche zu ihrem Vater.
- [X] Mira läuft in die Küche zu ihrer Mutter.

- [ ] Mira hat eine besondere Behausung: Sie kann ihre Handschrift lesen.
- [X] Mira hat eine besondere Begabung: Sie kann ihre Handschrift lesen.

Lerne den Witz auswendig und erzähle ihn jemandem.

Schreibe in die Sprechblase, was Mira ihrer Mutter zuruft.

Mama, stell …
dir vor, ich kann etwas, was sonst niemand kann!

Lösungen

Name:

Der Einbrecher

Mitten in der Nacht klettert ein Einbrecher durch das Kinderzimmerfenster. Emilio wacht auf und richtet sich im Bett auf. „Pssst! Ich suche nur euer Geld“, sagt der Einbrecher. „Da suche ich mit“, antwortet Emilio.

 **Was stimmt?**

- [ ] In der Not klettert ein Einbrecher durch das Kinderzimmerfenster.
- [x] In der Nacht klettert ein Einbrecher durch das Kinderzimmerfenster.

- [ ] Emilio wacht auf und ruht sich im Bett aus.
- [x] Emilio wacht auf und richtet sich im Bett auf.

- [x] Der Einbrecher sucht Geld.
- [ ] Der Einbrecher ist ein Held.

 **Lerne den Witz auswendig und erzähle ihn jemandem.**

Schreibe auf die Linien neben der Zeichnung, was der Einbrecher fragt und was Emilio antwortet.

Einbrecher:

„Pssst! Ich suche nur euer Geld.“

„Da suche ich mit.“

31

Name:

Zahnpasta

Luca kommt morgens strahlend aus dem Badezimmer und fragt den Vater: „Papa, weißt du, wie viel Meter Zahnpasta in einer Tube sind?“ Der Vater schüttelt verneinend den Kopf. „Aber ich! 12 Meter!“, antwortet Luca stolz.

 **Was stimmt?**

- [x] Luca kommt morgens strahlend aus dem Badezimmer.
- [ ] Luca kommt abends strahlend aus dem Badezimmer.

- [ ] Luca weiß, wie viel Gramm Zahnpasta in einer Tube sind.
- [x] Luca weiß, wie viel Meter Zahnpasta in einer Tube sind.

- [ ] Der Vater weiß sofort, wie viel Meter Zahnpasta in einer Tube sind.
- [x] Der Vater weiß nicht, wie viel Meter Zahnpasta in einer Tube sind.

 **Lerne den Witz auswendig und erzähle ihn jemandem.**

Schreibe in die Sprechblase, was Luca seinen Vater fragt.

Papa, weißt du, wie viel Meter Zahnpasta in einer Tube sind?

32

Name:

Matilda weiß mehr

Matilda kommt zu ihrem Vater ins Wohnzimmer und fragt ihn: „Weißt du, dass Mädchen schlauer sind als Jungs?“ Der Vater blickt von seinem Buch hoch und antwortet: „Nein, das habe ich nicht gewusst.“ „Siehst du!“, sagt Matilda.

 **Was stimmt?**

- [x] Matilda kommt zu ihrem Vater ins Wohnzimmer.
- [ ] Matilda kommt zu ihrem Bruder ins Wohnzimmer.

- [ ] Der Vater liest ein Tuch.
- [x] Der Vater liest ein Buch.

- [x] Vater und Tochter sind im Wohnzimmer.
- [ ] Vater und Tochter sind im Wohnheim.

 **Lerne den Witz auswendig und erzähle ihn jemandem.**

 **Schreibe auf die Linien, was Matilda ihren Vater fragt.**

„Weißt du, dass Mädchen schlauer sind als Jungs?“

33

Name:

Die Nachtcreme

Am Abend ist Chrissy lange im Badezimmer. Die Mutter kommt herein und fragt: „Was machst du denn die ganze Zeit?“ „Ich suche deine Nachtcreme, weil ich nicht schlafen kann“, antwortet Chrissy.

 **Was stimmt?**

- [x] Am Abend ist Chrissy lange im Badezimmer.
- [ ] Am Abend ist Christina lange im Badezimmer.

- [ ] Die Mutter kommt ins Badezimmer und fragt, was Chrissy malt.
- [x] Die Mutter kommt ins Badezimmer und fragt, was Chrissy macht.

- [x] Chrissy sucht die Nachtcreme der Mutter.
- [ ] Chrissy sucht die Schuhcreme der Mutter.

 **Lerne den Witz auswendig und erzähle ihn jemandem.**

Schreibe auf die Linien, was Chrissy antwortet.

Ich suche deine Nachtcreme, weil ich nicht schlafen kann.

34

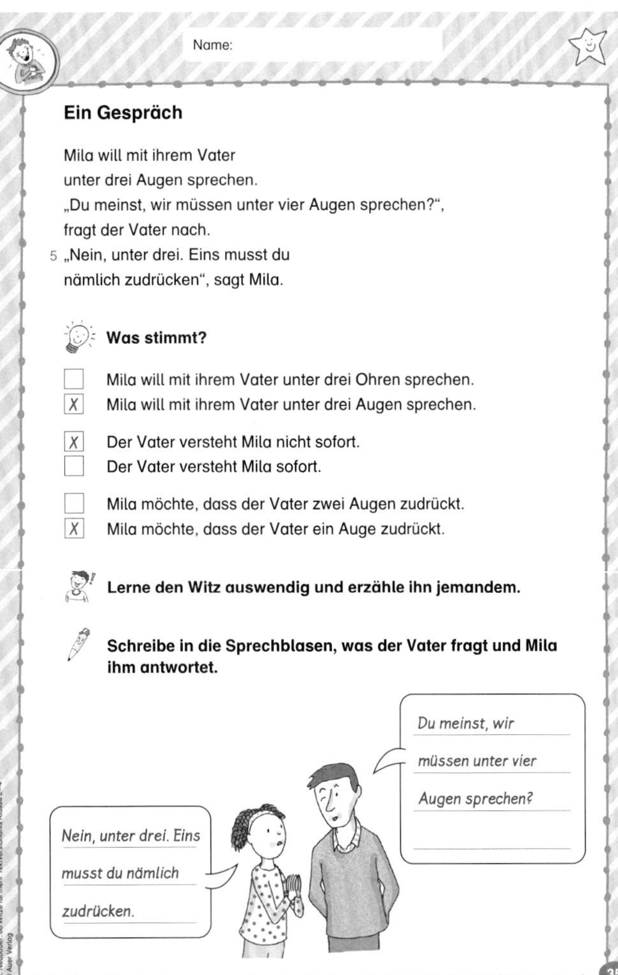

Name:

Ein Gespräch

Mila will mit ihrem Vater unter drei Augen sprechen. „Du meinst, wir müssen unter vier Augen sprechen?“, fragt der Vater nach. „Nein, unter drei. Eins musst du nämlich zudrücken“, sagt Mila.

Was stimmt?

- [ ] Mila will mit ihrem Vater unter drei Ohren sprechen.
- [X] Mila will mit ihrem Vater unter drei Augen sprechen.

- [X] Der Vater versteht Mila nicht sofort.
- [ ] Der Vater versteht Mila sofort.

- [ ] Mila möchte, dass der Vater zwei Augen zudrückt.
- [X] Mila möchte, dass der Vater ein Auge zudrückt.

Lerne den Witz auswendig und erzähle ihn jemandem.

Schreibe in die Sprechblasen, was der Vater fragt und Mila ihm antwortet.

35

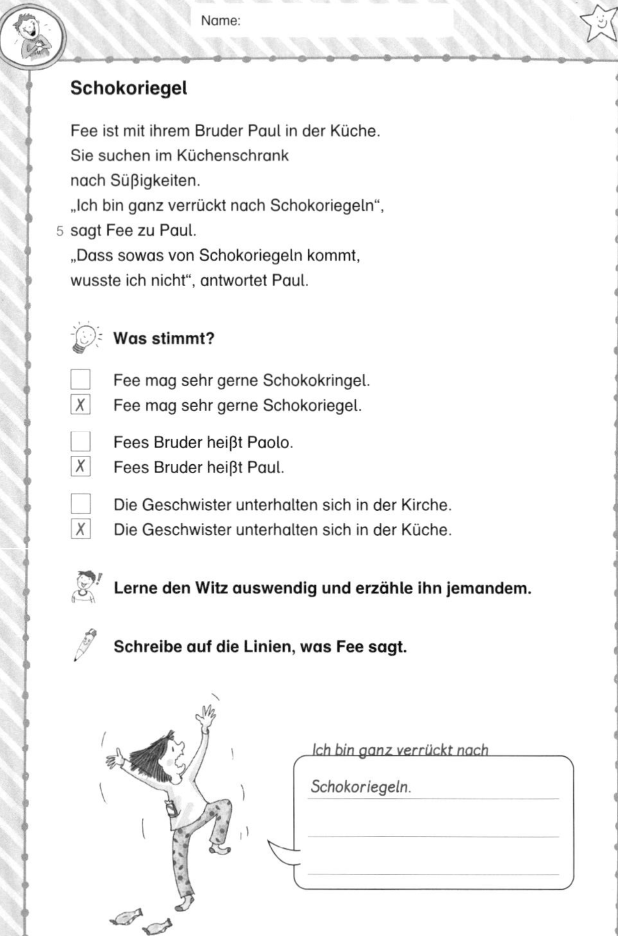

Name:

Schokoriegel

Fee ist mit ihrem Bruder Paul in der Küche. Sie suchen im Küchenschrank nach Süßigkeiten. „Ich bin ganz verrückt nach Schokoriegeln“, sagt Fee zu Paul. „Dass sowas von Schokoriegeln kommt, wusste ich nicht“, antwortet Paul.

Was stimmt?

- [ ] Fee mag sehr gerne Schokokringel.
- [X] Fee mag sehr gerne Schokoriegel.

- [ ] Fees Bruder heißt Paolo.
- [X] Fees Bruder heißt Paul.

- [ ] Die Geschwister unterhalten sich in der Kirche.
- [X] Die Geschwister unterhalten sich in der Küche.

Lerne den Witz auswendig und erzähle ihn jemandem.

Schreibe auf die Linien, was Fee sagt.

36

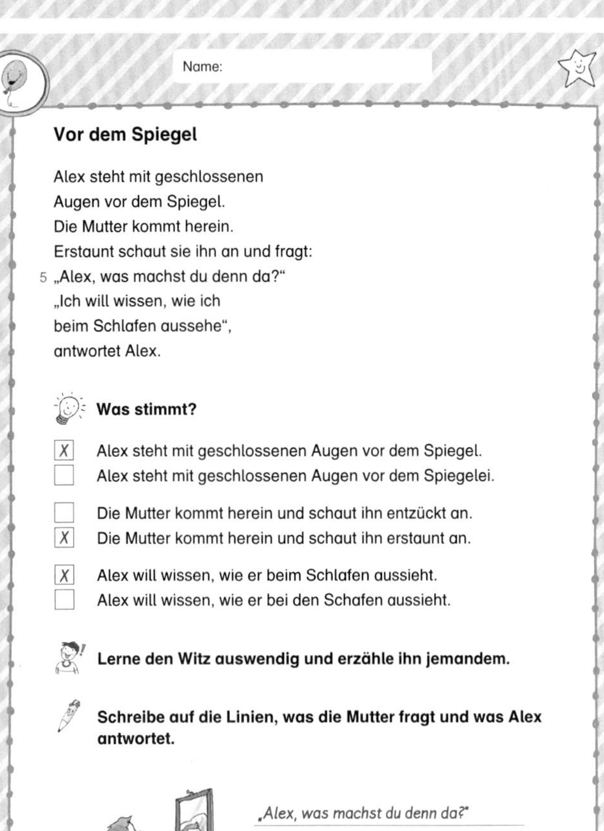

Name:

Vor dem Spiegel

Alex steht mit geschlossenen Augen vor dem Spiegel. Die Mutter kommt herein. Erstaunt schaut sie ihn an und fragt: „Alex, was machst du denn da?“ „Ich will wissen, wie ich beim Schlafen aussehe“, antwortet Alex.

Was stimmt?

- [X] Alex steht mit geschlossenen Augen vor dem Spiegel.
- [ ] Alex steht mit geschlossenen Augen vor dem Spiegelei.

- [ ] Die Mutter kommt herein und schaut ihn entzückt an.
- [X] Die Mutter kommt herein und schaut ihn erstaunt an.

- [X] Alex will wissen, wie er beim Schlafen aussieht.
- [ ] Alex will wissen, wie er bei den Schafen aussieht.

Lerne den Witz auswendig und erzähle ihn jemandem.

Schreibe auf die Linien, was die Mutter fragt und was Alex antwortet.

37

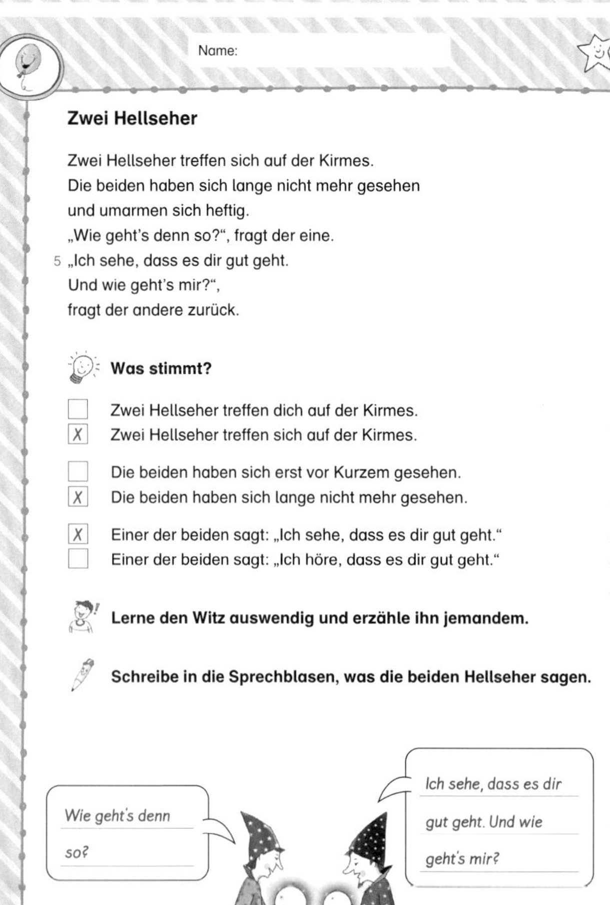

Name:

Zwei Hellseher

Zwei Hellseher treffen sich auf der Kirmes. Die beiden haben sich lange nicht mehr gesehen und umarmen sich heftig. „Wie geht's denn so?“, fragt der eine. „Ich sehe, dass es dir gut geht. Und wie geht's mir?“, fragt der andere zurück.

Was stimmt?

- [ ] Zwei Hellseher treffen dich auf der Kirmes.
- [X] Zwei Hellseher treffen sich auf der Kirmes.

- [ ] Die beiden haben sich erst vor Kurzem gesehen.
- [X] Die beiden haben sich lange nicht mehr gesehen.

- [X] Einer der beiden sagt: „Ich sehe, dass es dir gut geht.“
- [ ] Einer der beiden sagt: „Ich höre, dass es dir gut geht.“

Lerne den Witz auswendig und erzähle ihn jemandem.

Schreibe in die Sprechblasen, was die beiden Hellseher sagen.

38

Lösungen

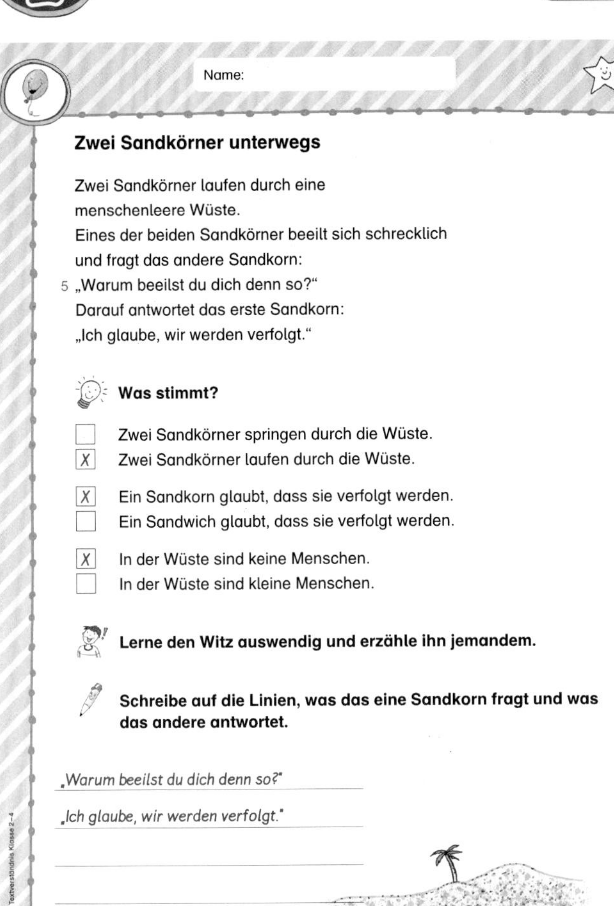

Name:

Zwei Sandkörner unterwegs

Zwei Sandkörner laufen durch eine menschenleere Wüste. Eines der beiden Sandkörner beeilt sich schrecklich und fragt das andere Sandkorn: „Warum beeilst du dich denn so?“ Darauf antwortet das erste Sandkorn: „Ich glaube, wir werden verfolgt.“

Was stimmt?

- [ ] Zwei Sandkörner springen durch die Wüste.
- [X] Zwei Sandkörner laufen durch die Wüste.

- [X] Ein Sandkorn glaubt, dass sie verfolgt werden.
- [ ] Ein Sandwich glaubt, dass sie verfolgt werden.

- [X] In der Wüste sind keine Menschen.
- [ ] In der Wüste sind kleine Menschen.

Lerne den Witz auswendig und erzähle ihn jemandem.

Schreibe auf die Linien, was das eine Sandkorn fragt und was das andere antwortet.

„Warum beeilst du dich denn so?“

„Ich glaube, wir werden verfolgt.“

39

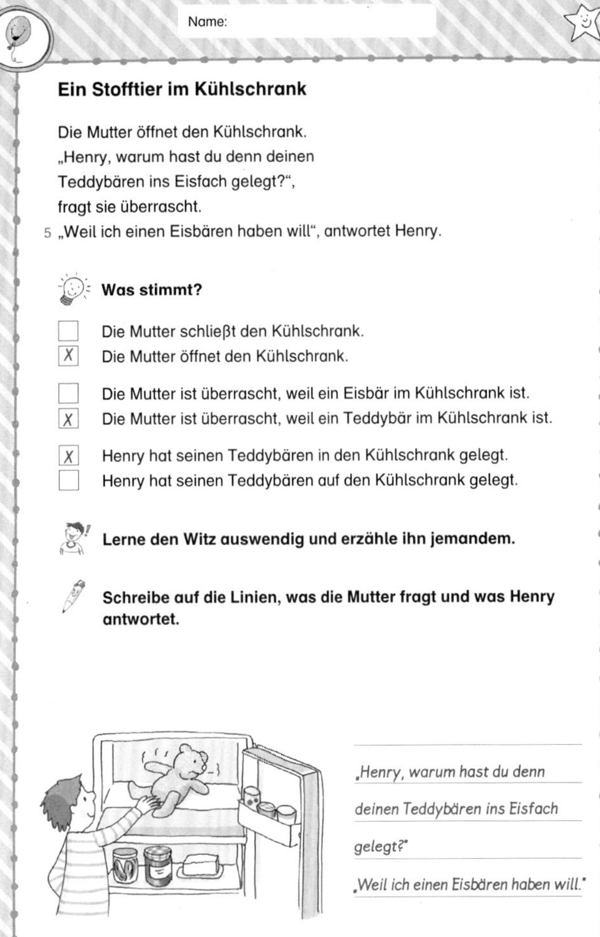

Name:

Ein Stofftier im Kühlschrank

Die Mutter öffnet den Kühlschrank. „Henry, warum hast du denn deinen Teddybären ins Eisfach gelegt?“, fragt sie überrascht. „Weil ich einen Eisbären haben will“, antwortet Henry.

Was stimmt?

- [ ] Die Mutter schließt den Kühlschrank.
- [X] Die Mutter öffnet den Kühlschrank.

- [ ] Die Mutter ist überrascht, weil ein Eisbär im Kühlschrank ist.
- [X] Die Mutter ist überrascht, weil ein Teddybär im Kühlschrank ist.

- [X] Henry hat seinen Teddybären in den Kühlschrank gelegt.
- [ ] Henry hat seinen Teddybären auf den Kühlschrank gelegt.

Lerne den Witz auswendig und erzähle ihn jemandem.

Schreibe auf die Linien, was die Mutter fragt und was Henry antwortet.

„Henry, warum hast du denn deinen Teddybären ins Eisfach gelegt?“

„Weil ich einen Eisbären haben will.“

40

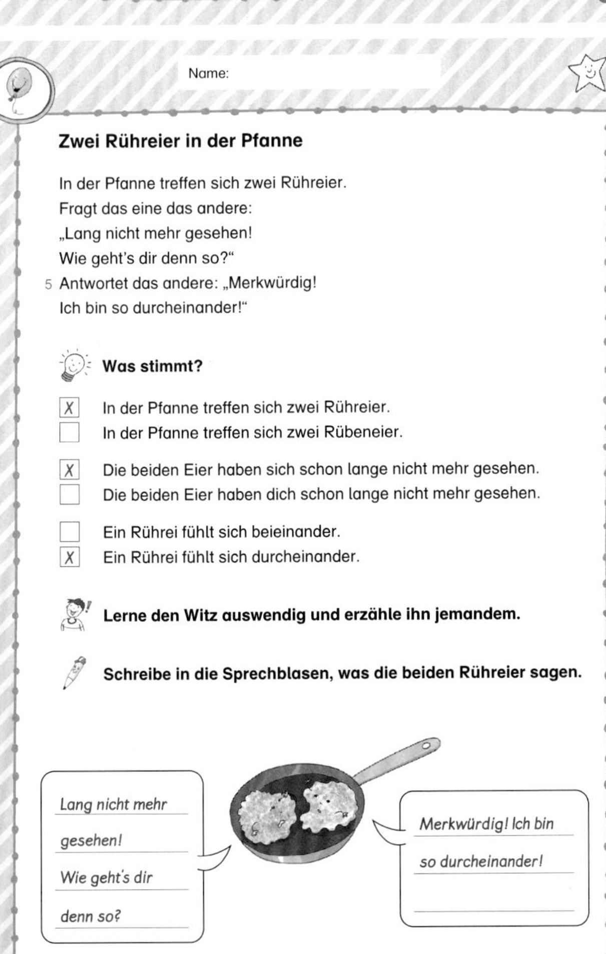

Name:

Zwei Rühreier in der Pfanne

In der Pfanne treffen sich zwei Rühreier. Fragt das eine das andere: „Lang nicht mehr gesehen! Wie geht's dir denn so?“ Antwortet das andere: „Merkwürdig! Ich bin so durcheinander!“

Was stimmt?

- [X] In der Pfanne treffen sich zwei Rühreier.
- [ ] In der Pfanne treffen sich zwei Rübeneier.

- [X] Die beiden Eier haben sich schon lange nicht mehr gesehen.
- [ ] Die beiden Eier haben dich schon lange nicht mehr gesehen.

- [ ] Ein Rührei fühlt sich beieinander.
- [X] Ein Rührei fühlt sich durcheinander.

Lerne den Witz auswendig und erzähle ihn jemandem.

Schreibe in die Sprechblasen, was die beiden Rühreier sagen.

41

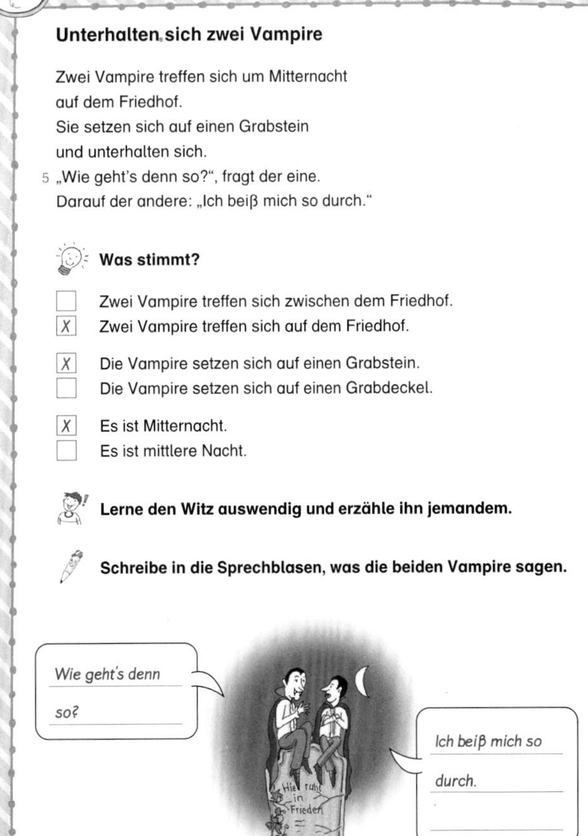

Name:

Unterhalten sich zwei Vampire

Zwei Vampire treffen sich um Mitternacht auf dem Friedhof. Sie setzen sich auf einen Grabstein und unterhalten sich. „Wie geht's denn so?“, fragt der eine. Darauf der andere: „Ich beiß mich so durch.“

Was stimmt?

- [ ] Zwei Vampire treffen sich zwischen dem Friedhof.
- [X] Zwei Vampire treffen sich auf dem Friedhof.

- [X] Die Vampire setzen sich auf einen Grabstein.
- [ ] Die Vampire setzen sich auf einen Grabdeckel.

- [X] Es ist Mitternacht.
- [ ] Es ist mittlere Nacht.

Lerne den Witz auswendig und erzähle ihn jemandem.

Schreibe in die Sprechblasen, was die beiden Vampire sagen.

42

Lösungen

Name:

Zahnstocher unterwegs

Zwei Zahnstocher laufen einen Berg hoch.
Da geht ein Igel an ihnen vorbei.
Sagt der eine Zahnstocher zu dem anderen:
„So was Blödes!
Wenn wir gewusst hätten,
dass hier ein Bus fährt,
hätten wir nicht zu Fuß gehen müssen."

Was stimmt?

- [X] Zwei Zahnstocher laufen einen Berg hoch.
- [ ] Zwei Zahnstocher laufen einen Berg hinunter.

- [ ] Ein Igel geht an den Zahnlöchern vorbei.
- [X] Ein Igel geht an den Zahnstochern vorbei.

- [X] Die Zahnstocher denken, dass der Igel ein Bus ist.
- [ ] Die Zahnstocher denken, dass der Igel ein Kuss ist.

Lerne den Witz auswendig und erzähle ihn jemandem.

Schreibe in die Sprechblase, was der Zahnstocher sagt.

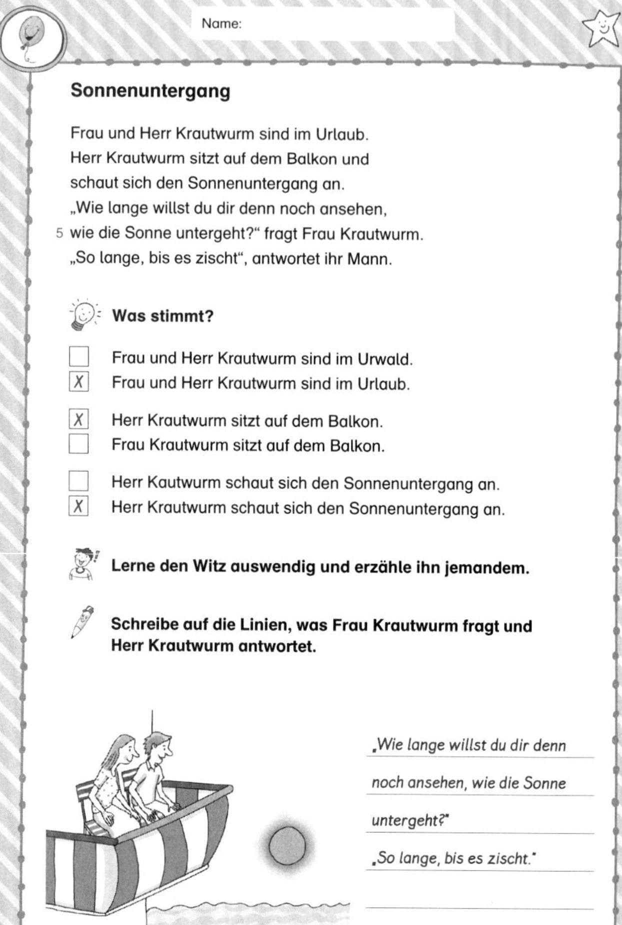

Name:

Sonnenuntergang

Frau und Herr Krautwurm sind im Urlaub.
Herr Krautwurm sitzt auf dem Balkon und
schaut sich den Sonnenuntergang an.
„Wie lange willst du dir denn noch ansehen,
wie die Sonne untergeht?" fragt Frau Krautwurm.
„So lange, bis es zischt", antwortet ihr Mann.

Was stimmt?

- [ ] Frau und Herr Krautwurm sind im Urwald.
- [X] Frau und Herr Krautwurm sind im Urlaub.

- [X] Herr Krautwurm sitzt auf dem Balkon.
- [ ] Frau Krautwurm sitzt auf dem Balkon.

- [ ] Herr Kautwurm schaut sich den Sonnenuntergang an.
- [X] Herr Krautwurm schaut sich den Sonnenuntergang an.

Lerne den Witz auswendig und erzähle ihn jemandem.

Schreibe auf die Linien, was Frau Krautwurm fragt und Herr Krautwurm antwortet.

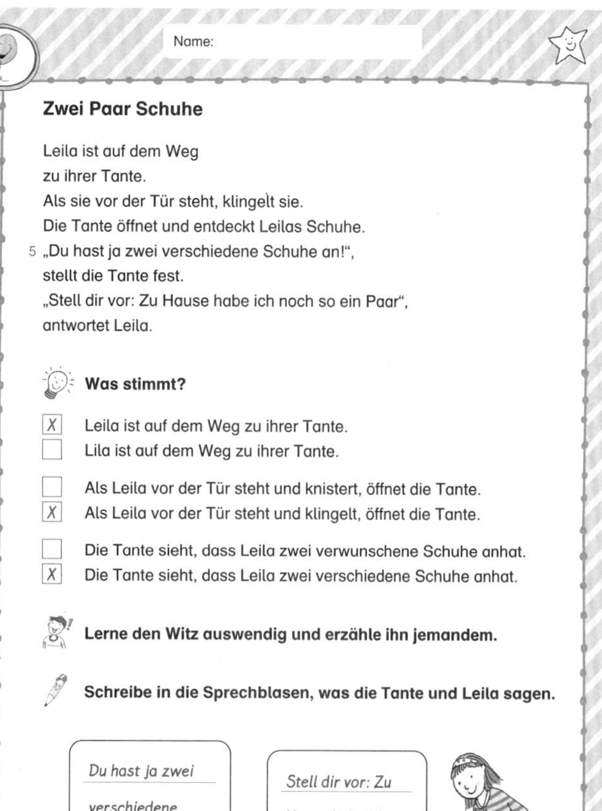

Name:

Zwei Paar Schuhe

Leila ist auf dem Weg
zu ihrer Tante.
Als sie vor der Tür steht, klingelt sie.
Die Tante öffnet und entdeckt Leilas Schuhe.
„Du hast ja zwei verschiedene Schuhe an!",
stellt die Tante fest.
„Stell dir vor: Zu Hause habe ich noch so ein Paar",
antwortet Leila.

Was stimmt?

- [X] Leila ist auf dem Weg zu ihrer Tante.
- [ ] Lila ist auf dem Weg zu ihrer Tante.

- [ ] Als Leila vor der Tür steht und knistert, öffnet die Tante.
- [X] Als Leila vor der Tür steht und klingelt, öffnet die Tante.

- [ ] Die Tante sieht, dass Leila zwei verwunschene Schuhe anhat.
- [X] Die Tante sieht, dass Leila zwei verschiedene Schuhe anhat.

Lerne den Witz auswendig und erzähle ihn jemandem.

Schreibe in die Sprechblasen, was die Tante und Leila sagen.

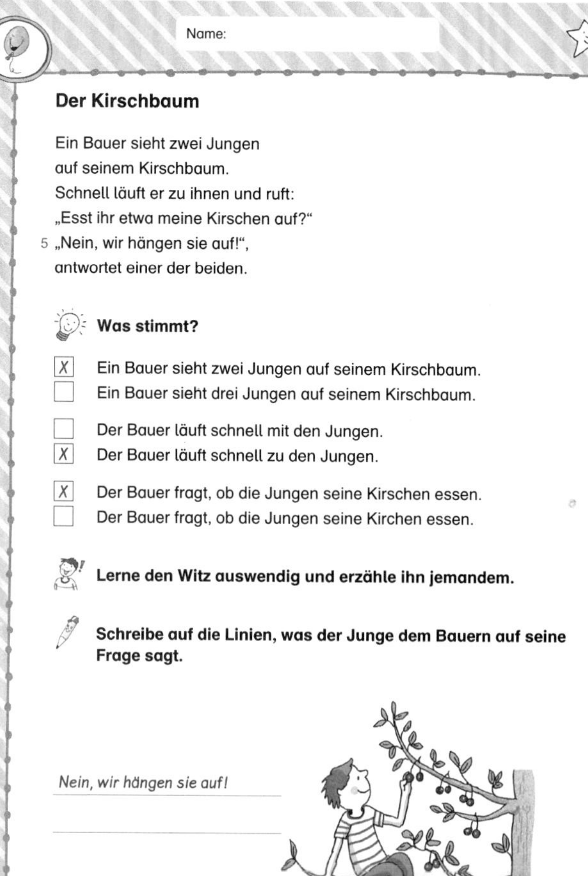

Name:

Der Kirschbaum

Ein Bauer sieht zwei Jungen
auf seinem Kirschbaum.
Schnell läuft er zu ihnen und ruft:
„Esst ihr etwa meine Kirschen auf?"
„Nein, wir hängen sie auf!",
antwortet einer der beiden.

Was stimmt?

- [X] Ein Bauer sieht zwei Jungen auf seinem Kirschbaum.
- [ ] Ein Bauer sieht drei Jungen auf seinem Kirschbaum.

- [ ] Der Bauer läuft schnell mit den Jungen.
- [X] Der Bauer läuft schnell zu den Jungen.

- [X] Der Bauer fragt, ob die Jungen seine Kirschen essen.
- [ ] Der Bauer fragt, ob die Jungen seine Kirchen essen.

Lerne den Witz auswendig und erzähle ihn jemandem.

Schreibe auf die Linien, was der Junge dem Bauern auf seine Frage sagt.

Name:

Zwei Goldfische am Strand

Zwei Goldfische haben Ferien. Sie liegen entspannt in Liegestühlen am Strand und plaudern miteinander. Ab und zu trinken sie an ihrer Limonade oder essen Kuchen und Schokolade.
Plötzlich fliegen zwei Kühe vor ihnen vorbei.
Einer der beiden Goldfische schüttelt verwundert den Kopf und sagt zum anderen: „Tja, fliegen müsste man können.“

Was stimmt?

- [ ] Zwei Goldfische liegen in Liegestühlen am Strand.
- [ ] Zwei Goldfische liegen in leichten Stühlen am Strand.

- [ ] Es fliegen drei Kühe an ihnen vorbei.
- [ ] Es fliegen zwei Kühe an ihnen vorbei.

- [ ] Die beiden Goldfische trinken Limonade.
- [ ] Die beiden Goldtische trinken Limonade.

Lerne den Witz auswendig und erzähle ihn jemandem.

Schreibe in die Sprechblase, was der Goldfisch antwortet.

____

____

Name:

In der Fledermaushöhle

In einer dunklen Höhle leben Fledermäuse. Alle hängen mit dem Kopf nach unten – bis auf eine Ausnahme. Die anderen Fledermäuse schauen sie verwundert an.

„Was macht Fledi denn da?“, fragt eine Fledermaus eine andere. „Die hat den Kopf ja oben. So etwas könnte ich nie!“

Da antwortet die andere: „Ach, weißt du das nicht? Fledi macht Yoga!“

Was stimmt?

☐ In einer dunklen Höhle leben Fledermäuse.
☐ In einer dunklen Höhle leben Fleddermäuse.

☐ Die Fledermäuse hängen mit dem Topf nach unten.
☐ Die Fledermäuse hängen mit dem Kopf nach unten.

☐ Eine Fledermaus macht Yoga.
☐ Keine Fledermaus macht Yoga.

Lerne den Witz auswendig und erzähle ihn jemandem.

Schreibe in die Sprechblase, was die Fledermaus der anderen Fledermaus antwortet.

A. Neubauer: 80 Witze für mehr Textverständnis Klasse 2–4

Name:

Vier Spatzen

Drei Spatzen warten auf ihren Freund. Die drei warten schon den ganzen Nachmittag, aber ihr Freund kommt nicht. Endlich, als es bereits dämmert, hüpft er zu ihnen.

„Wo warst du so lange?“, fragt ihn einer der drei Spatzen.

„Bei dem schönen Wetter bin ich zu Fuß gegangen“, antwortet ihr Freund.

Was stimmt?

☐ Drei Spatzen wollen zu ihrem Freund.
☐ Drei Spatzen warten auf ihren Freund.

☐ Die drei warten schon den ganzen Vormittag, aber ihr Freund kommt nicht.
☐ Die drei warten schon den ganzen Nachmittag, aber ihr Freund kommt nicht.

☐ Als es bereits dämmert, hüpft er zu ihnen.
☐ Als es bereits dunkel ist, hüpft er zu ihnen.

Lerne den Witz auswendig und erzähle ihn jemandem.

Schreibe in die Sprechblase, was der eine Spatz dem anderen Spatz antwortet.

Name:

Eine schlaue Maus

Eine Mäusemutter ist mit ihren vier Mäusekindern unterwegs. Als sie um eine Ecke laufen, steht plötzlich ein großer Kater vor ihnen. Die Mäusemutter schaut dem Kater in die Augen und bellt. Der Kater bekommt Angst und rennt weg.
„Da seht ihr, wie wichtig es ist, Fremdsprachen zu lernen“, erklärt die Maus ihren Kindern.

Was stimmt?

☐ Plötzlich steht ein Kater vor der Mäusemuttter und ihren Kindern.
☐ Plötzlich steht eine Katze vor der Mäusemuttter und ihren Kindern.

☐ Der Kater bekommt Angst und rennt weg.
☐ Die Mäuse bekommen Angst und rennen weg.

☐ Die Mäusemutter schaut dem Kater in die Augen und schellt.
☐ Die Mäusemutter schaut dem Kater in die Augen und bellt.

Lerne den Witz auswendig und erzähle ihn jemandem.

Schreibe in die Sprechblase, was die Mäusemutter sagt.

Name:

Unterhalten sich zwei Frösche

Zwei Frösche sitzen auf einem Seerosenblatt, das auf einem Teich schwimmt. Die Freunde ruhen sich aus. Plötzlich ziehen dunkle Wolken am Himmel auf. Dann fällt einem der beiden ein Regentropfen auf den Kopf. Da sagt der Frosch zum anderen. „Es fängt an zu regnen. Lass uns schnell ins Wasser springen, sonst werden wir nass!“

Was stimmt?

☐ Zwei Frösche sitzen auf einem Seerosenblatt, das auf einem Teich schwimmt.

☐ Zwei Frösche sitzen auf einem Seerosenblatt, das auf einem Teig schwimmt.

☐ Plötzlich zischen dunkle Wolken am Himmel auf.

☐ Plötzlich ziehen dunkle Wolken am Himmel auf.

☐ Dann fällt einem der beiden ein Regentropfen auf den Kopf.

☐ Dann fällt einem der beiden ein Regentropfen auf den Rücken.

Lerne den Witz auswendig und erzähle ihn jemandem.

Schreibe in die Sprechblase, was der Frosch sagt.

Name:

Im Matheunterricht

Der Lehrer fragt Anton: „Wenn ich dir heute drei Katzen und morgen noch einmal drei Katzen schenke, wie viele Katzen hast du dann?"
„Sieben Katzen!", antwortet Anton sofort.
„Das ist nicht richtig. Drei und drei sind sechs", erklärt der Lehrer.
„Aber ich habe doch schon eine Katze zu Hause!", antwortet Anton.

Was stimmt?

☐ Anton hat schon eine Katze zu Hause.
☐ Anton hat schon eine Kuh zu Hause.

☐ Der Lehrer stellt Anton eine Frage.
☐ Der Lehrer stellt Anna eine Frage.

☐ Anton antwortet auf die Frage des Lehrers sofort.
☐ Anton antwortet auf die Frage der Lehrerin sofort.

Lerne den Witz auswendig und erzähle ihn jemandem.

Schreibe auf die Linien, wie Anton sein Ergebnis begründet.

____

____

____

Name:

Pause

Fiona schaut auf die Uhr und fragt die Lehrerin: „Dürfen wir jetzt in die Pause?“ Die Lehrerin schaut auch auf die Uhr und stellt erstaunt fest: „Aber bis zur Pause sind es doch noch fünf Minuten.“ „Aber Sie sagen immer, dass wir nicht alles in letzter Minute machen sollen“, antwortet Fiona.

Was stimmt?

- [ ] Fiona schaut auf die Tafel und stellt der Lehrerin eine Frage.
- [ ] Fiona schaut auf die Uhr und stellt der Lehrerin eine Frage.

- [ ] Die Lehrerin schaut auch auf die Uhr und ist erstaunt.
- [ ] Die Lehrerin schaut auch auf die Uhr und ist erschrocken.

- [ ] Bis zur Pause sind es noch fünf Minuten Zeit.
- [ ] Bis zur Pause sind es noch vier Minuten Zeit.

Lerne den Witz auswendig und erzähle ihn jemandem.

Schreibe in die Sprechblase, was Fiona der Lehrerin antwortet.

Name:

Sportunterricht

In der Schule haben die Kinder Sportunterricht. Der Lehrer fragt: „Was ist der Unterschied zwischen einem Fußgänger und einem Fußballer?“ Die Kinder überlegen angestrengt. Aber niemand meldet sich. Nach einer Weile meldet sich Jannis und sagt: „Der Fußgänger geht bei Grün und der Fußballer bei Rot.“

Was stimmt?

☐ Die Kinder haben in der Schule Sportunterricht.
☐ Die Kinder haben in der Schule Verkehrsunterricht.

☐ Der Lehrer stellt den Kindern eine Frage.
☐ Der Lehrer gibt den Kindern eine Forelle.

☐ Kein Kind weiß eine Antwort auf die Frage der Lehrer.
☐ Ein Kind weiß eine Antwort auf die Frage des Lehrers.

Lerne den Witz auswendig und erzähle ihn jemandem.

Schreibe auf die Linien, was der Lehrer fragt und was Jannis antwortet.

A. Neubauer: 80 Witze für mehr Textverständnis Klasse 2–4

Name:

Im Zoo

Die Klasse macht einen Ausflug in den Zoo. Als die Kinder vor dem Elefantengehege stehen, fragt die Lehrerin: „Zu welcher Familie gehört der Elefant?“

Niemand meldet sich. Schließlich nimmt die Lehrerin Elena dran. Elena denkt kurz nach und antwortet: „Ich kenne gar keine Familie, die einen Elefanten hat.“

Was stimmt?

- [ ] Die Klasse macht einen Tiefflug in den Zoo.
- [ ] Die Klasse macht einen Ausflug in den Zoo.

- [ ] Niemand meldet sich, als die Lehrerin eine Frage stellt.
- [ ] Niemand meldet sich, als die Lehrerin eine Fliege fängt.

- [ ] Schließlich nimmt die Lehrerin Elena dran.
- [ ] Schließlich nimmt die Lehrerin Elvira dran.

Lerne den Witz auswendig und erzähle ihn jemandem.

Schreibe auf die Linien, was die Lehrerin fragt und was Elena antwortet.

Name:

Knöpfe in der Hosentasche

„Stellt euch vor, ihr habt vier Knöpfe in der Hosentasche und zwei davon fallen euch raus. Was habt ihr dann in der Hosentasche?“, fragt die Lehrerin und schaut in die Klasse. Es wird still in der Klasse. Die Kinder denken angestrengt nach. Schließlich meldet sich Louis und sagt: „Ein Loch!“

Was stimmt?

- [ ] Die Lehrerin stellt eine Frage und in der Klasse wird es still.
- [ ] Der Lehrer stellt eine Frage und in der Klasse wird es still.

- [ ] Die Kinder denken nicht.
- [ ] Die Kinder denken nach.

- [ ] Louis meldet sich und nimmt eine Antwort.
- [ ] Louis meldet sich und gibt eine Antwort.

Lerne den Witz auswendig und erzähle ihn jemandem.

Schreibe auf die Linie, was Louis antwortet.

____

Name:

Eiskalte Füße

Am Abend kommt der Vater in Pauls Zimmer, um ihm Gute Nacht zu sagen. Paul liegt schon im Bett. Erstaunt sieht der Vater, dass Pauls Füße unter der Bettdecke hervorschauen.
„Hast du denn keine kalten Füße?“, fragt der Vater erstaunt.
Paul nickt und antwortet: „Ich habe eiskalte Füße. Deswegen will ich sie ja auch nicht unter meiner Bettdecke haben.“

Was stimmt?

☐ Am Abend kommt der Vater in Paulas Zimmer, um ihm Gute Nacht zu sagen.

☐ Am Abend kommt der Vater in Pauls Zimmer, um ihm Gute Nacht zu sagen.

☐ Paul liegt unter dem Bett.

☐ Paul liegt schon im Bett.

☐ Erstaunt sieht der Vater, dass Pauls Füße unter der Bettdecke hervorschauen.

☐ Erstaunt sieht der Vater, dass Pauls Füße unter dem Bettdeckel hervorschauen.

Lerne den Witz auswendig und erzähle ihn jemandem.

Schreibe auf die Linien, was Paul antwortet.

Name:

Knoten im Taschentuch

„Was bedeutet denn der Knoten in deinem Taschentuch?“, fragt Damian seine Freundin Anna.

„Mama hat gesagt, dass ich mir einen Knoten ins Taschentuch machen muss, damit ich nicht vergesse, einen Brief für Oma einzuwerfen“, antwortet Anna.

„Hast du den Brief eingeworfen?“, will Damian wissen.

„Nein, Mama hat vergessen, mir den Brief mitzugeben“, sagt Anna.

Was stimmt?

☐ Anna hat einen Knoten im Taschentuch.
☐ Anna hat einen Knochen im Taschentuch.

☐ Damian und Anna sind befreundet.
☐ Damian und Anna sind Geschwister.

☐ Annas Mutter hat vergessen, ihrem Sohn einen Brief mitzugeben.
☐ Annas Mutter hat vergessen, ihrer Tochter einen Brief mitzugeben.

Lerne den Witz auswendig und erzähle ihn jemandem.

Schreibe in die Sprechblase, was Anna auf Damians Frage antwortet.

Name:

An der Tankstelle

Siri fährt mit ihrer Familie in den Urlaub. Unterwegs halten sie an einer Tankstelle. Als der Vater fertig getankt hat, geht er zum Tankwart und fragt: „Würden Sie bitte noch die Reifen kontrollieren?“ Der Tankwart kratzt sich am Kopf. Dann stellt er fest: „Eins, zwei, drei, vier – alle Reifen da.“

Was stimmt?

- [ ] Siri fährt mit ihrer Familie in den Urwald.
- [ ] Siri fährt mit ihrer Familie in den Urlaub.

- [ ] Unterwegs halten sie an einer Tankstelle.
- [ ] Unterwegs halten sie unter einer Tankstelle.

- [ ] Als der Vater fertig getankt hat, geht er zum Tankwart.
- [ ] Als der Vater fertig getankt hat, geht er zum Dankwart.

Lerne den Witz auswendig und erzähle ihn jemandem.

Schreibe in die Sprechblasen, was der Vater fragt und der Tankwart antwortet.

Name:

Die Gutenachtgeschichte

Am Abend bringt der Vater seinen Sohn ins Bett. Er setzt sich in einen Sessel und nimmt ein Buch, um Sascha eine Gutenachtgeschichte vorzulesen. Nach einer Weile öffnet sich die Tür leise einen Spalt breit und die Mutter flüstert ins Zimmer: „Und, schläft er?“ Da antwortet Sascha: „Ja, und er schnarcht auch noch!“

Was stimmt?

☐ Am Abend bringt die Mutter ihren Sohn ins Bett.
☐ Am Abend bringt der Vater seinen Sohn ins Bett.

☐ Der Vater setzt sich in einen Sessel und nimmt ein Buch.
☐ Der Vater setzt sich auf einen Stuhl und nimmt ein Buch.

☐ Nach einer Weile öffnet sich das Tor leise einen Spalt breit.
☐ Nach einer Weile öffnet sich die Tür leise einen Spalt breit.

Lerne den Witz auswendig und erzähle ihn jemandem.

Schreibe in die Sprechblase, was Sascha der Mutter antwortet.

Name:

Beim Frühstück

Die Familie sitzt morgens am reichlich gedeckten Frühstückstisch. Harry wird ungeduldig. Er will sofort den Honig haben. Aber das Glas steht zu weit weg. Harry kommt nicht heran. Seine Mutter bemerkt es und sagt zu ihm: „Wie heißt das Zauberwort mit zwei t?“
„Flott!“, antwortet Harry.

Was stimmt?

☐ Die Familie sitzt morgens am reichlich gedeckten Frühstückstisch.
☐ Die Familie sitzt morgens am reichlich gedeckten Frühstücksfisch.

☐ Harry will sofort den Eimer Honig haben.
☐ Harry will sofort das Glas Honig haben.

☐ Die Mutter bemerkt, dass ihr Sohn den Honig haben möchte.
☐ Die Mutter bemerkt, dass ihr Sohn den Käse haben möchte.

Lerne den Witz auswendig und erzähle ihn jemandem.

Schreibe auf die Linien, was die Mutter fragt und was Harry antwortet.

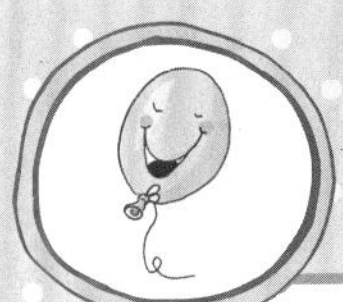

Name:

Die leere Postkarte

Franzi ist mit ihren Eltern im Urlaub und kauft eine Postkarte für ihre Freundin Annabelle. Sie schreibt eine Adresse darauf und klebt eine Briefmarke in die Ecke. „Auf der Karte steht ja nur Annabelles Adresse!“, sagt Mama erstaunt. „Wir haben uns so gestritten, dass wir kein Wort mehr miteinander reden“, antwortet Franzi.

Was stimmt?

- ☐ Franzi ist mit ihren Eltern im Urlaub.
- ☐ Franz ist mit seinen Eltern im Urlaub.

- ☐ Sie kauft eine Postkarte für ihre Freundin Annabelle.
- ☐ Sie kauft eine Postkarte für ihre Freundin Anja.

- ☐ Auf der Karte steht nur der Name ihrer Freundin.
- ☐ Auf der Karte steht nur die Adresse ihrer Freundin.

Lerne den Witz auswendig und erzähle ihn jemandem.

Schreibe auf die Linien, was die Mutter und Franzi sagen.

Name:

An der Rolltreppe

Felix steht regungslos vor der Rolltreppe. Er starrt schon minutenlang auf die Stufen. Schließlich kommt eine Frau zu ihm. „Traust du dich nicht alleine auf die Rolltreppen?“, fragt sie freundlich. „Danke, aber ich will gar nicht Rolltreppe fahren. Ich warte auf meinen Kaugummi.“

Was stimmt?

- [ ] Felix steht vor einer Rolltreppe.
- [ ] Felix steht neben einer Rolltreppe.

- [ ] Er startet minutenlang auf die Stufen.
- [ ] Er starrt minutenlang auf die Stufen.

- [ ] Eine Frau kommt zu ihm, um ihm zu helfen.
- [ ] Eine Frau kommt zu ihm, um ihr zu helfen.

Lerne den Witz auswendig und erzähle ihn jemandem.

Schreibe auf die Linien, was die Frau fragt und was Felix antwortet.

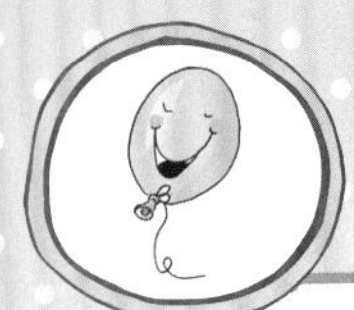

Name:

Der Hund im Restaurant

Ein Gast sitzt in einem Restaurant. Vor ihm steht ein Teller Essen.

Aber der Gast traut sich nicht zu essen, weil vor dem Tisch ein großer Hund Zähne fletscht.

Der Mann ruft den Kellner: „Was hat denn der Hund? Ich würde gerne in Ruhe essen.“

„Ach, ich sehe gerade, dass wir Ihnen Ihr Gericht auf seinem Lieblingsteller serviert haben“, antwortet der Kellner.

Was stimmt?

☐ Ein Gast sitzt in einem Restaurant.
☐ Ein Gast sitzt in einem Ruderboot.

☐ Vor ihm sitzt ein Teller Essen.
☐ Vor ihm steht ein Teller Essen.

☐ Vor dem Tisch fletscht ein großer Hund die Zähne.
☐ Vor dem Tisch fletscht ein großer Hund die Mähne.

Lerne den Witz auswendig und erzähle ihn jemandem.

Schreibe auf die Linien, was der Kellner dem Gast antwortet.

Name:

Der Artist

Ein Artist kommt in einen Zirkus und sagt zum Direktor: „Ich kann alle Vögel nachmachen und würde gerne bei Ihnen arbeiten.“ Der Direktor sieht den Mann an und schüttelt den Kopf. „Vögel nachmachen können viele. Das ist zu langweilig.“ Da breitet der Artist die Arme aus und fliegt davon.

Was stimmt?

☐ Ein Mann kommt in einen Zirkus und spricht mit dem Dompteur.
☐ Ein Mann kommt in einen Zirkus und spricht mit dem Direktor.

☐ Der Direktor findet den Vorschlag des Artisten langweilig.
☐ Der Direktor findet den Vorschlag der Artisten langweilig.

☐ Der Artist breitet die Arme aus und fliegt davon.
☐ Der Artist breitet die Flügel aus und fliegt davon.

Lerne den Witz auswendig und erzähle ihn jemandem.

Schreibe in die Sprechblasen, was der Artist und der Direktor sagen.

Name:

Der Postbote und das Schild

Der Postbote will Frau Schmidt ein Paket bringen. An der Tür hängt ein Schild, auf dem „Vorsicht, Hund!“ steht. Als Frau Schmidt öffnet, entdeckt der Postbote einen winzigen Hund neben ihr. „Warum haben Sie denn ein Schild mit *Vorsicht, Hund!* an der Tür?“, fragt der Postbote. „Damit niemand auf ihn drauftritt“, antwortet Frau Schmidt.

Was stimmt?

- [ ] Der Postbote will Frau Schmidt ein Paket bringen.
- [ ] Der Postbote will Frau Schmidt einen Brief bringen.

- [ ] An der Tür hängt ein Schild, auf dem „Vorsicht, Hund!“ steht.
- [ ] An der Tür hängt ein Schild, auf dem „Vorsicht, Hand!“ steht.

- [ ] Der Postbote entdeckt einen riesigen Hund neben Frau Schmidt.
- [ ] Der Postbote entdeckt einen winzigen Hund neben Frau Schmidt.

Lerne den Witz auswendig und erzähle ihn jemandem.

Schreibe in die Sprechblase, was der Postbote fragt.

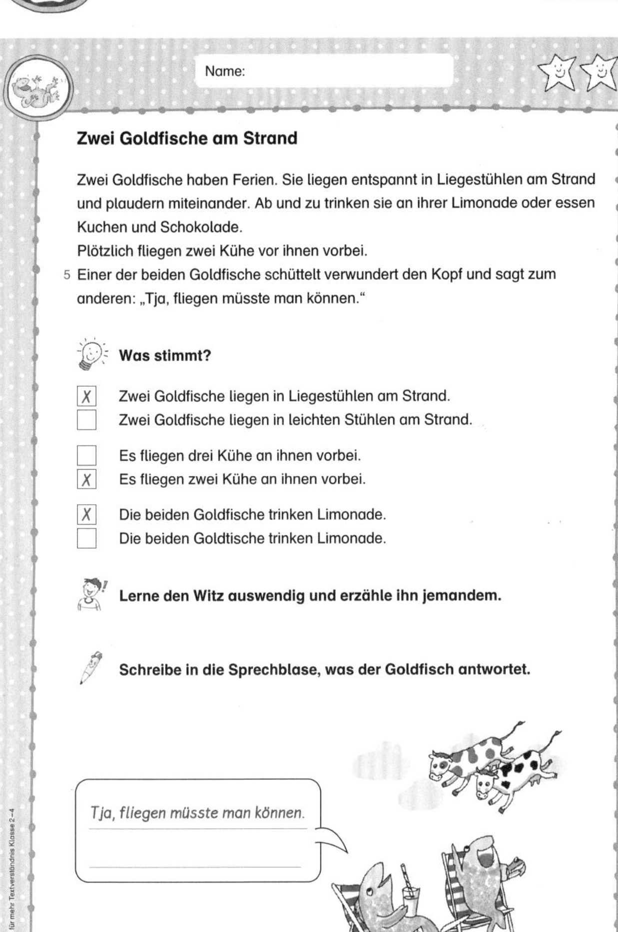

Name:

Zwei Goldfische am Strand

Zwei Goldfische haben Ferien. Sie liegen entspannt in Liegestühlen am Strand und plaudern miteinander. Ab und zu trinken sie an ihrer Limonade oder essen Kuchen und Schokolade.
Plötzlich fliegen zwei Kühe vor ihnen vorbei.
Einer der beiden Goldfische schüttelt verwundert den Kopf und sagt zum anderen: „Tja, fliegen müsste man können."

Was stimmt?

- [X] Zwei Goldfische liegen in Liegestühlen am Strand.
- [ ] Zwei Goldfische liegen in leichten Stühlen am Strand.

- [ ] Es fliegen drei Kühe an ihnen vorbei.
- [X] Es fliegen zwei Kühe an ihnen vorbei.

- [X] Die beiden Goldfische trinken Limonade.
- [ ] Die beiden Goldtische trinken Limonade.

Lerne den Witz auswendig und erzähle ihn jemandem.

Schreibe in die Sprechblase, was der Goldfisch antwortet.

57

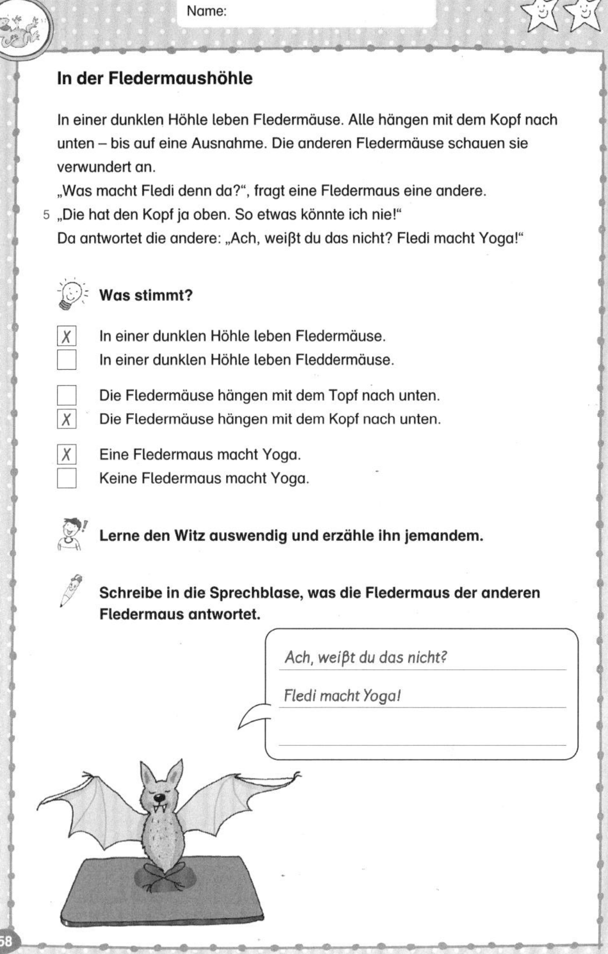

Name:

In der Fledermaushöhle

In einer dunklen Höhle leben Fledermäuse. Alle hängen mit dem Kopf nach unten – bis auf eine Ausnahme. Die anderen Fledermäuse schauen sie verwundert an.
„Was macht Fledi denn da?", fragt eine Fledermaus eine andere.
„Die hat den Kopf ja oben. So etwas könnte ich nie!"
Da antwortet die andere: „Ach, weißt du das nicht? Fledi macht Yoga!"

Was stimmt?

- [X] In einer dunklen Höhle leben Fledermäuse.
- [ ] In einer dunklen Höhle leben Fleddermäuse.

- [ ] Die Fledermäuse hängen mit dem Topf nach unten.
- [X] Die Fledermäuse hängen mit dem Kopf nach unten.

- [X] Eine Fledermaus macht Yoga.
- [ ] Keine Fledermaus macht Yoga.

Lerne den Witz auswendig und erzähle ihn jemandem.

Schreibe in die Sprechblase, was die Fledermaus der anderen Fledermaus antwortet.

58

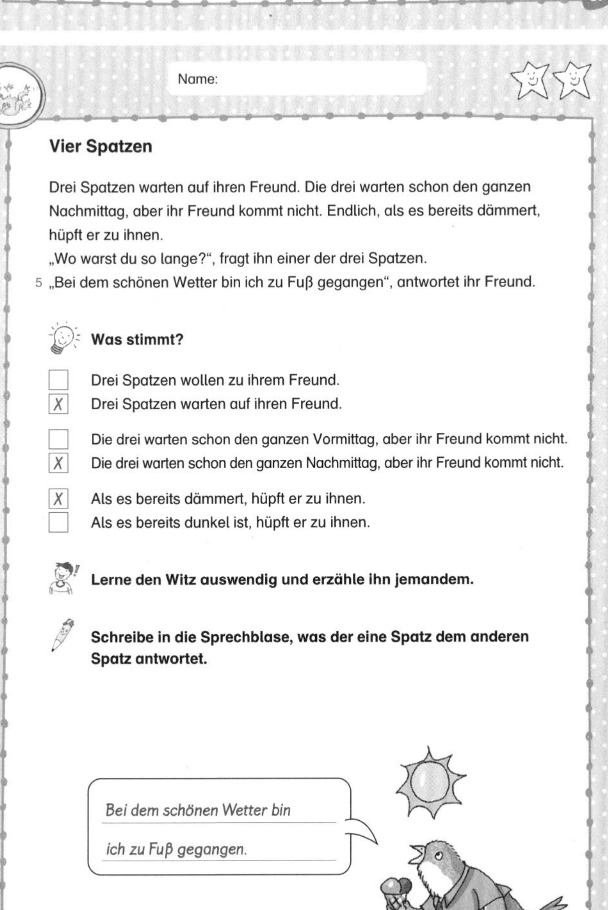

Name:

Vier Spatzen

Drei Spatzen warten auf ihren Freund. Die drei warten schon den ganzen Nachmittag, aber ihr Freund kommt nicht. Endlich, als es bereits dämmert, hüpft er zu ihnen.
„Wo warst du so lange?", fragt ihn einer der drei Spatzen.
„Bei dem schönen Wetter bin ich zu Fuß gegangen", antwortet ihr Freund.

Was stimmt?

- [ ] Drei Spatzen wollen zu ihrem Freund.
- [X] Drei Spatzen warten auf ihren Freund.

- [ ] Die drei warten schon den ganzen Vormittag, aber ihr Freund kommt nicht.
- [X] Die drei warten schon den ganzen Nachmittag, aber ihr Freund kommt nicht.

- [X] Als es bereits dämmert, hüpft er zu ihnen.
- [ ] Als es bereits dunkel ist, hüpft er zu ihnen.

Lerne den Witz auswendig und erzähle ihn jemandem.

Schreibe in die Sprechblase, was der eine Spatz dem anderen Spatz antwortet.

59

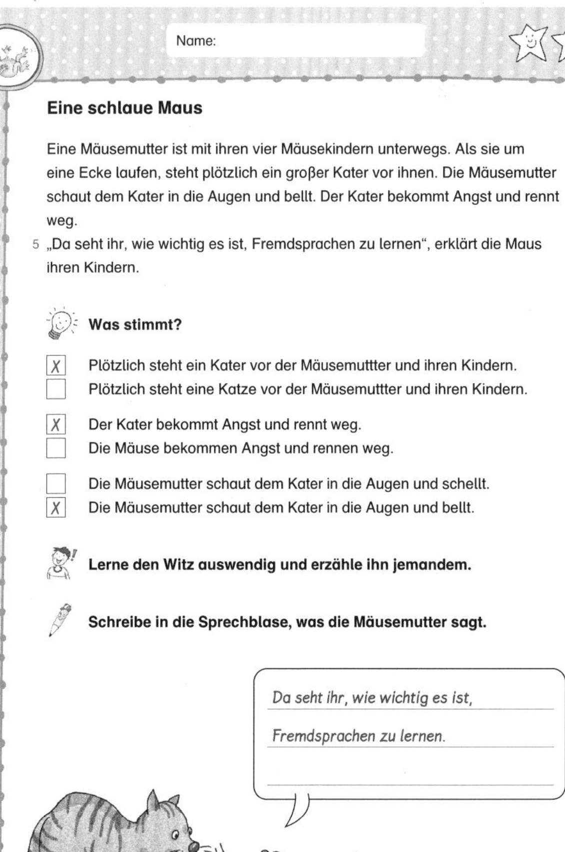

Name:

Eine schlaue Maus

Eine Mäusemutter ist mit ihren vier Mäusekindern unterwegs. Als sie um eine Ecke laufen, steht plötzlich ein großer Kater vor ihnen. Die Mäusemutter schaut dem Kater in die Augen und bellt. Der Kater bekommt Angst und rennt weg.
„Da seht ihr, wie wichtig es ist, Fremdsprachen zu lernen", erklärt die Maus ihren Kindern.

Was stimmt?

- [X] Plötzlich steht ein Kater vor der Mäusemuttter und ihren Kindern.
- [ ] Plötzlich steht eine Katze vor der Mäusemuttter und ihren Kindern.

- [X] Der Kater bekommt Angst und rennt weg.
- [ ] Die Mäuse bekommen Angst und rennen weg.

- [ ] Die Mäusemutter schaut dem Kater in die Augen und schellt.
- [X] Die Mäusemutter schaut dem Kater in die Augen und bellt.

Lerne den Witz auswendig und erzähle ihn jemandem.

Schreibe in die Sprechblase, was die Mäusemutter sagt.

60

Lösungen

Name:

Unterhalten sich zwei Frösche

Zwei Frösche sitzen auf einem Seerosenblatt, das auf einem Teich schwimmt. Die Freunde ruhen sich aus. Plötzlich ziehen dunkle Wolken am Himmel auf. Dann fällt einem der beiden ein Regentropfen auf den Kopf. Da sagt der Frosch zum anderen. „Es fängt an zu regnen. Lass uns schnell ins Wasser springen, sonst werden wir nass!“

Was stimmt?

- [X] Zwei Frösche sitzen auf einem Seerosenblatt, das auf einem Teich schwimmt.
- [ ] Zwei Frösche sitzen auf einem Seerosenblatt, das auf einem Teig schwimmt.

- [ ] Plötzlich zischen dunkle Wolken am Himmel auf.
- [X] Plötzlich ziehen dunkle Wolken am Himmel auf.

- [X] Dann fällt einem der beiden ein Regentropfen auf den Kopf.
- [ ] Dann fällt einem der beiden ein Regentropfen auf den Rücken.

Lerne den Witz auswendig und erzähle ihn jemandem.

Schreibe in die Sprechblase, was der Frosch sagt.

Es fängt an zu regnen. Lass uns schnell ins Wasser springen, sonst werden wir nass.

Name:

Im Matheunterricht

Der Lehrer fragt Anton: „Wenn ich dir heute drei Katzen und morgen noch einmal drei Katzen schenke, wie viele Katzen hast du dann?“
„Sieben Katzen!“, antwortet Anton sofort.
„Das ist nicht richtig. Drei und drei sind sechs“, erklärt der Lehrer.
„Aber ich habe doch schon eine Katze zu Hause!“, antwortet Anton.

Was stimmt?

- [X] Anton hat schon eine Katze zu Hause.
- [ ] Anton hat schon eine Kuh zu Hause.

- [X] Der Lehrer stellt Anton eine Frage.
- [ ] Der Lehrer stellt Anna eine Frage.

- [X] Anton antwortet auf die Frage des Lehrers sofort.
- [ ] Anton antwortet auf die Frage der Lehrerin sofort.

Lerne den Witz auswendig und erzähle ihn jemandem.

Schreibe auf die Linien, wie Anton sein Ergebnis begründet.

„Aber ich habe doch schon eine Katze zu Hause.“

Name:

Pause

Fiona schaut auf die Uhr und fragt die Lehrerin: „Dürfen wir jetzt in die Pause?“
Die Lehrerin schaut auch auf die Uhr und stellt erstaunt fest: „Aber bis zur Pause sind es doch noch fünf Minuten.“
„Aber Sie sagen immer, dass wir nicht alles in letzter Minute machen sollen“, antwortet Fiona.

Was stimmt?

- [ ] Fiona schaut auf die Tafel und stellt der Lehrerin eine Frage.
- [X] Fiona schaut auf die Uhr und stellt der Lehrerin eine Frage.

- [X] Die Lehrerin schaut auch auf die Uhr und ist erstaunt.
- [ ] Die Lehrerin schaut auch auf die Uhr und ist erschrocken.

- [X] Bis zur Pause sind es noch fünf Minuten Zeit.
- [ ] Bis zur Pause sind es noch vier Minuten Zeit.

Lerne den Witz auswendig und erzähle ihn jemandem.

Schreibe in die Sprechblase, was Fiona der Lehrerin antwortet.

Aber Sie sagen immer, dass wir nicht alles in letzter Minute machen sollen.

Name:

Sportunterricht

In der Schule haben die Kinder Sportunterricht. Der Lehrer fragt: „Was ist der Unterschied zwischen einem Fußgänger und einem Fußballer?“
Die Kinder überlegen angestrengt. Aber niemand meldet sich.
Nach einer Weile meldet sich Jannis und sagt: „Der Fußgänger geht bei Grün und der Fußballer bei Rot.“

Was stimmt?

- [X] Die Kinder haben in der Schule Sportunterricht.
- [ ] Die Kinder haben in der Schule Verkehrsunterricht.

- [X] Der Lehrer stellt den Kindern eine Frage.
- [ ] Der Lehrer gibt den Kindern eine Forelle.

- [ ] Kein Kind weiß eine Antwort auf die Frage der Lehrer.
- [X] Ein Kind weiß eine Antwort auf die Frage des Lehrers.

Lerne den Witz auswendig und erzähle ihn jemandem.

Schreibe auf die Linien, was der Lehrer fragt und was Jannis antwortet.

„Was ist der Unterschied zwischen einem Fußgänger und einem Fußballer?“
„Der Fußgänger geht bei Grün und der Fußballer bei Rot.“

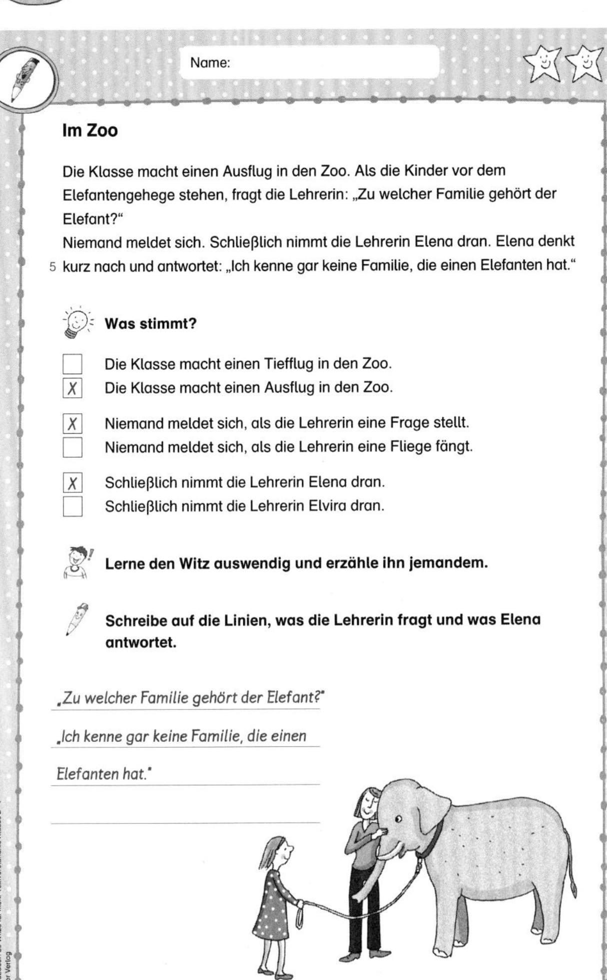

Name:

Im Zoo

Die Klasse macht einen Ausflug in den Zoo. Als die Kinder vor dem Elefantengehege stehen, fragt die Lehrerin: „Zu welcher Familie gehört der Elefant?“
Niemand meldet sich. Schließlich nimmt die Lehrerin Elena dran. Elena denkt kurz nach und antwortet: „Ich kenne gar keine Familie, die einen Elefanten hat.“

Was stimmt?

- [ ] Die Klasse macht einen Tiefflug in den Zoo.
- [x] Die Klasse macht einen Ausflug in den Zoo.

- [x] Niemand meldet sich, als die Lehrerin eine Frage stellt.
- [ ] Niemand meldet sich, als die Lehrerin eine Fliege fängt.

- [x] Schließlich nimmt die Lehrerin Elena dran.
- [ ] Schließlich nimmt die Lehrerin Elvira dran.

Lerne den Witz auswendig und erzähle ihn jemandem.

Schreibe auf die Linien, was die Lehrerin fragt und was Elena antwortet.

„Zu welcher Familie gehört der Elefant?“
„Ich kenne gar keine Familie, die einen Elefanten hat.“

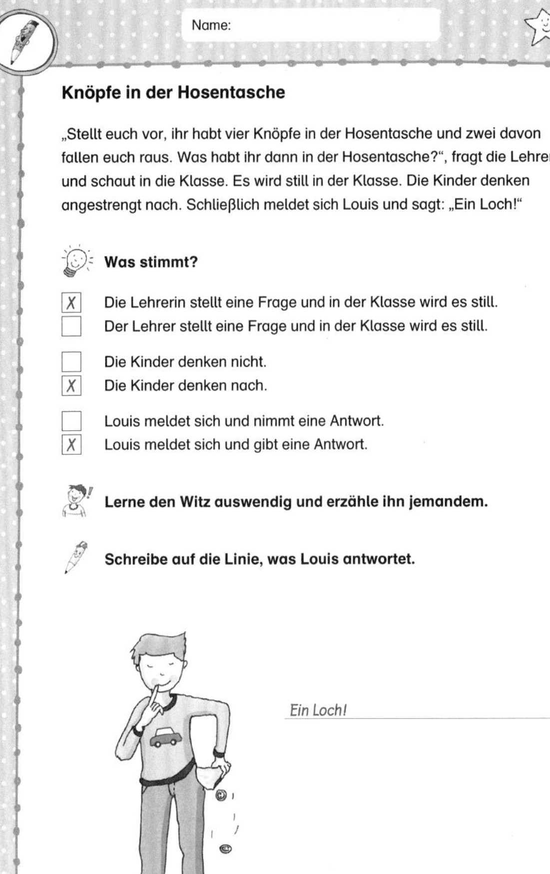

Name:

Knöpfe in der Hosentasche

„Stellt euch vor, ihr habt vier Knöpfe in der Hosentasche und zwei davon fallen euch raus. Was habt ihr dann in der Hosentasche?“, fragt die Lehrerin und schaut in die Klasse. Es wird still in der Klasse. Die Kinder denken angestrengt nach. Schließlich meldet sich Louis und sagt: „Ein Loch!“

Was stimmt?

- [x] Die Lehrerin stellt eine Frage und in der Klasse wird es still.
- [ ] Der Lehrer stellt eine Frage und in der Klasse wird es still.

- [ ] Die Kinder denken nicht.
- [x] Die Kinder denken nach.

- [ ] Louis meldet sich und nimmt eine Antwort.
- [x] Louis meldet sich und gibt eine Antwort.

Lerne den Witz auswendig und erzähle ihn jemandem.

Schreibe auf die Linie, was Louis antwortet.

Ein Loch!

Name:

Eiskalte Füße

Am Abend kommt der Vater in Pauls Zimmer, um ihm Gute Nacht zu sagen. Paul liegt schon im Bett. Erstaunt sieht der Vater, dass Pauls Füße unter der Bettdecke hervorschauen.
„Hast du denn keine kalten Füße?“, fragt der Vater erstaunt.
Paul nickt und antwortet: „Ich habe eiskalte Füße. Deswegen will ich sie ja auch nicht unter meiner Bettdecke haben.“

Was stimmt?

- [ ] Am Abend kommt der Vater in Paulas Zimmer, um ihm Gute Nacht zu sagen.
- [x] Am Abend kommt der Vater in Pauls Zimmer, um ihm Gute Nacht zu sagen.

- [ ] Paul liegt unter dem Bett.
- [x] Paul liegt schon im Bett.

- [x] Erstaunt sieht der Vater, dass Pauls Füße unter der Bettdecke hervorschauen.
- [ ] Erstaunt sieht der Vater, dass Pauls Füße unter dem Bettdeckel hervorschauen.

Lerne den Witz auswendig und erzähle ihn jemandem.

Schreibe auf die Linien, was Paul antwortet.

„Ich habe eiskalte Füße. Deswegen will ich sie ja auch nicht unter meiner Bettdecke haben.“

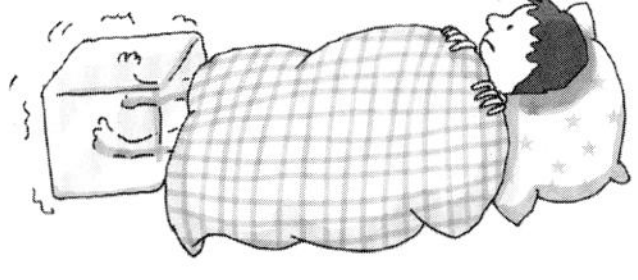

Name:

Knoten im Taschentuch

„Was bedeutet denn der Knoten in deinem Taschentuch?“, fragt Damian seine Freundin Anna.
„Mama hat gesagt, dass ich mir einen Knoten ins Taschentuch machen muss, damit ich nicht vergesse, einen Brief für Oma einzuwerfen“, antwortet Anna.
„Hast du den Brief eingeworfen?“, will Damian wissen.
„Nein, Mama hat vergessen, mir den Brief mitzugeben“, sagt Anna.

Was stimmt?

- [x] Anna hat einen Knoten im Taschentuch.
- [ ] Anna hat einen Knochen im Taschentuch.

- [ ] Damian und Anna sind befreundet.
- [x] Damian und Anna sind Geschwister.

- [ ] Annas Mutter hat vergessen, ihrem Sohn einen Brief mitzugeben.
- [x] Annas Mutter hat vergessen, ihrer Tochter einen Brief mitzugeben.

Lerne den Witz auswendig und erzähle ihn jemandem.

Schreibe in die Sprechblase, was Anna auf Damians Frage antwortet.

Nein, Mama hat vergessen, mir den Brief mitzugeben.

Lösungen

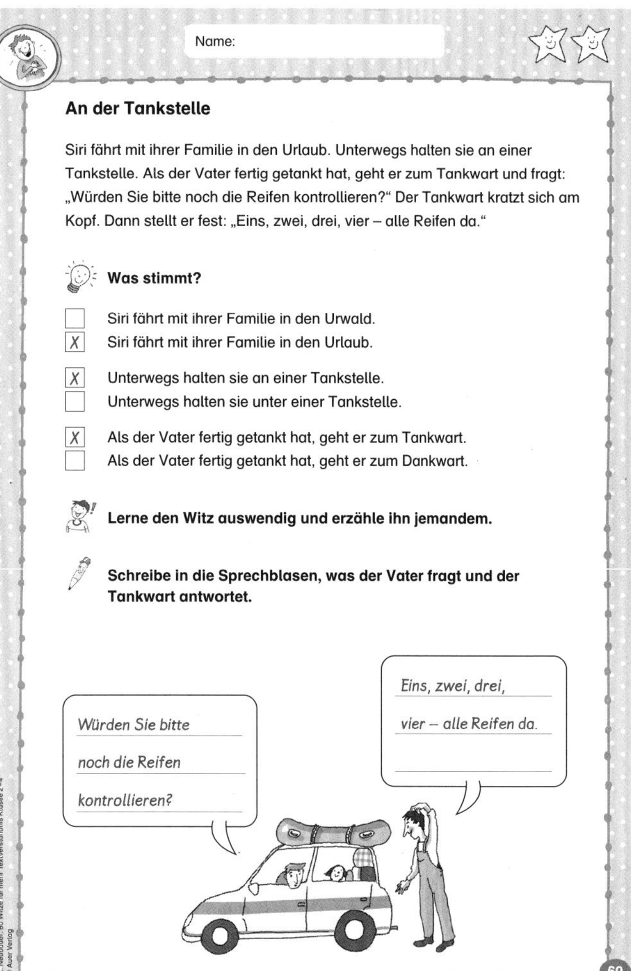

Name:

An der Tankstelle

Siri fährt mit ihrer Familie in den Urlaub. Unterwegs halten sie an einer Tankstelle. Als der Vater fertig getankt hat, geht er zum Tankwart und fragt: „Würden Sie bitte noch die Reifen kontrollieren?" Der Tankwart kratzt sich am Kopf. Dann stellt er fest: „Eins, zwei, drei, vier – alle Reifen da."

Was stimmt?

- [ ] Siri fährt mit ihrer Familie in den Urwald.
- [X] Siri fährt mit ihrer Familie in den Urlaub.

- [X] Unterwegs halten sie an einer Tankstelle.
- [ ] Unterwegs halten sie unter einer Tankstelle.

- [X] Als der Vater fertig getankt hat, geht er zum Tankwart.
- [ ] Als der Vater fertig getankt hat, geht er zum Dankwart.

Lerne den Witz auswendig und erzähle ihn jemandem.

Schreibe in die Sprechblasen, was der Vater fragt und der Tankwart antwortet.

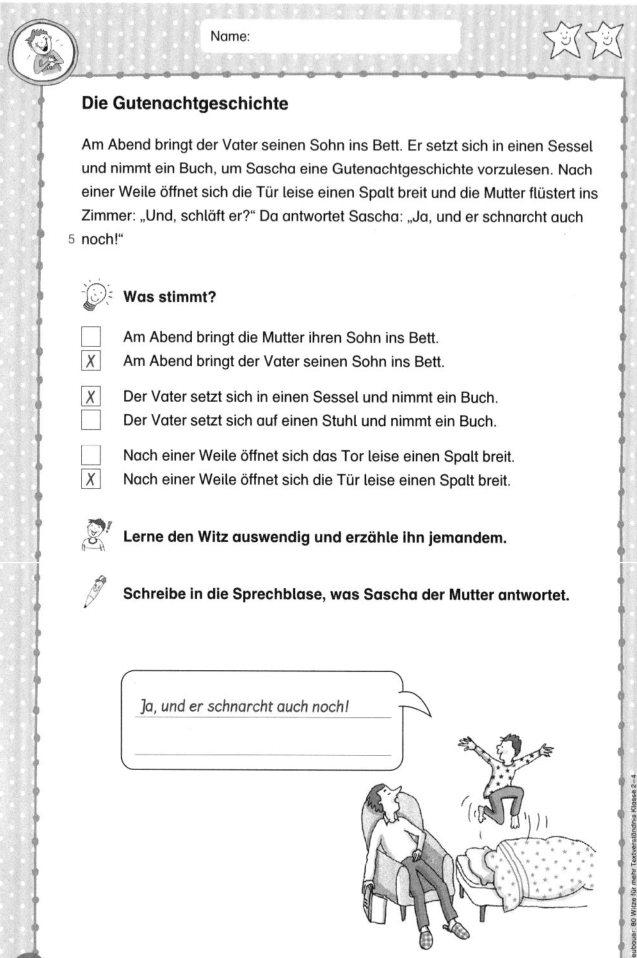

Name:

Die Gutenachtgeschichte

Am Abend bringt der Vater seinen Sohn ins Bett. Er setzt sich in einen Sessel und nimmt ein Buch, um Sascha eine Gutenachtgeschichte vorzulesen. Nach einer Weile öffnet sich die Tür leise einen Spalt breit und die Mutter flüstert ins Zimmer: „Und, schläft er?" Da antwortet Sascha: „Ja, und er schnarcht auch noch!"

Was stimmt?

- [ ] Am Abend bringt die Mutter ihren Sohn ins Bett.
- [X] Am Abend bringt der Vater seinen Sohn ins Bett.

- [X] Der Vater setzt sich in einen Sessel und nimmt ein Buch.
- [ ] Der Vater setzt sich auf einen Stuhl und nimmt ein Buch.

- [ ] Nach einer Weile öffnet sich das Tor leise einen Spalt breit.
- [X] Nach einer Weile öffnet sich die Tür leise einen Spalt breit.

Lerne den Witz auswendig und erzähle ihn jemandem.

Schreibe in die Sprechblase, was Sascha der Mutter antwortet.

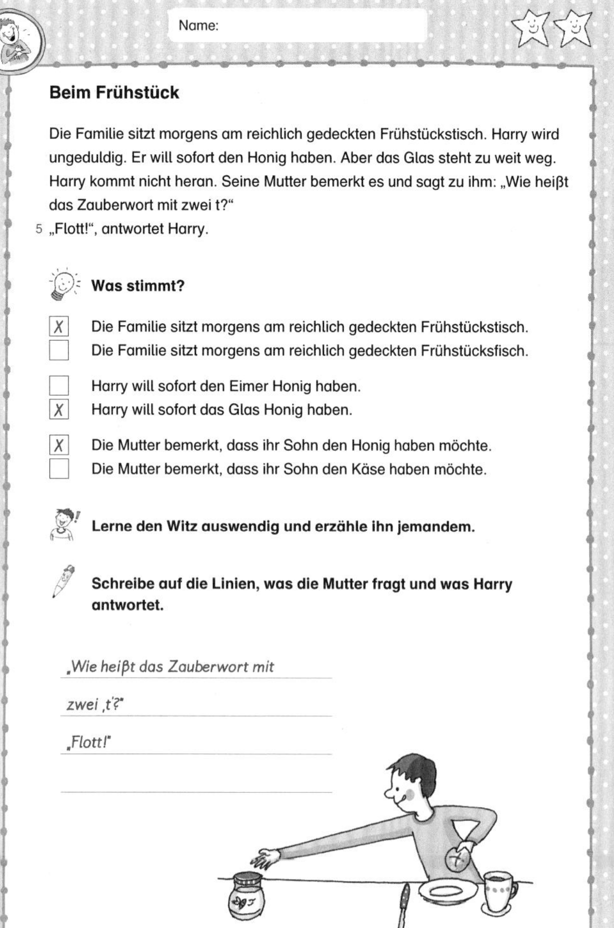

Name:

Beim Frühstück

Die Familie sitzt morgens am reichlich gedeckten Frühstückstisch. Harry wird ungeduldig. Er will sofort den Honig haben. Aber das Glas steht zu weit weg. Harry kommt nicht heran. Seine Mutter bemerkt es und sagt zu ihm: „Wie heißt das Zauberwort mit zwei t?"
„Flott!", antwortet Harry.

Was stimmt?

- [X] Die Familie sitzt morgens am reichlich gedeckten Frühstückstisch.
- [ ] Die Familie sitzt morgens am reichlich gedeckten Frühstücksfisch.

- [ ] Harry will sofort den Eimer Honig haben.
- [X] Harry will sofort das Glas Honig haben.

- [X] Die Mutter bemerkt, dass ihr Sohn den Honig haben möchte.
- [ ] Die Mutter bemerkt, dass ihr Sohn den Käse haben möchte.

Lerne den Witz auswendig und erzähle ihn jemandem.

Schreibe auf die Linien, was die Mutter fragt und was Harry antwortet.

„Wie heißt das Zauberwort mit zwei ‚t'?"
„Flott!"

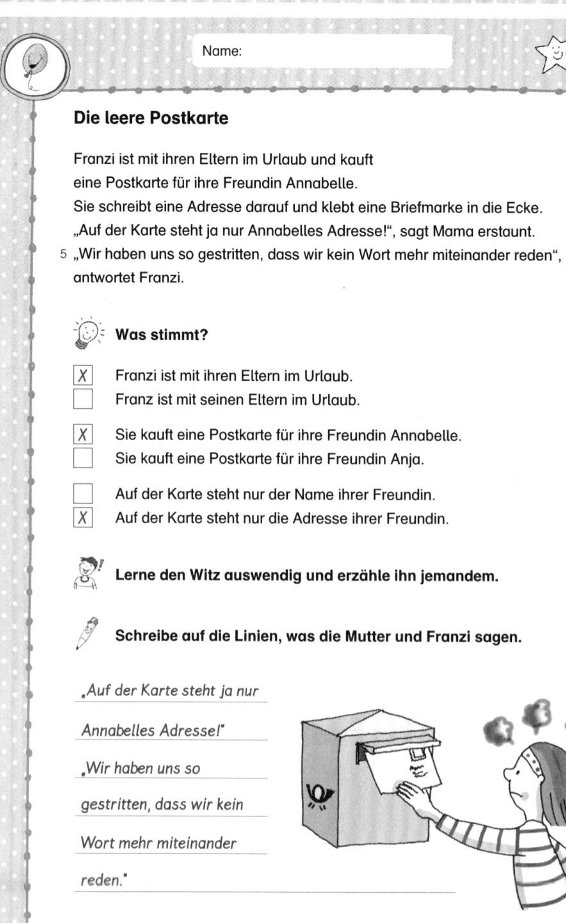

Name:

Die leere Postkarte

Franzi ist mit ihren Eltern im Urlaub und kauft eine Postkarte für ihre Freundin Annabelle. Sie schreibt eine Adresse darauf und klebt eine Briefmarke in die Ecke. „Auf der Karte steht ja nur Annabelles Adresse!", sagt Mama erstaunt. „Wir haben uns so gestritten, dass wir kein Wort mehr miteinander reden", antwortet Franzi.

Was stimmt?

- [X] Franzi ist mit ihren Eltern im Urlaub.
- [ ] Franz ist mit seinen Eltern im Urlaub.

- [X] Sie kauft eine Postkarte für ihre Freundin Annabelle.
- [ ] Sie kauft eine Postkarte für ihre Freundin Anja.

- [ ] Auf der Karte steht nur der Name ihrer Freundin.
- [X] Auf der Karte steht nur die Adresse ihrer Freundin.

Lerne den Witz auswendig und erzähle ihn jemandem.

Schreibe auf die Linien, was die Mutter und Franzi sagen.

„Auf der Karte steht ja nur Annabelles Adresse!"
„Wir haben uns so gestritten, dass wir kein Wort mehr miteinander reden."

Lösungen

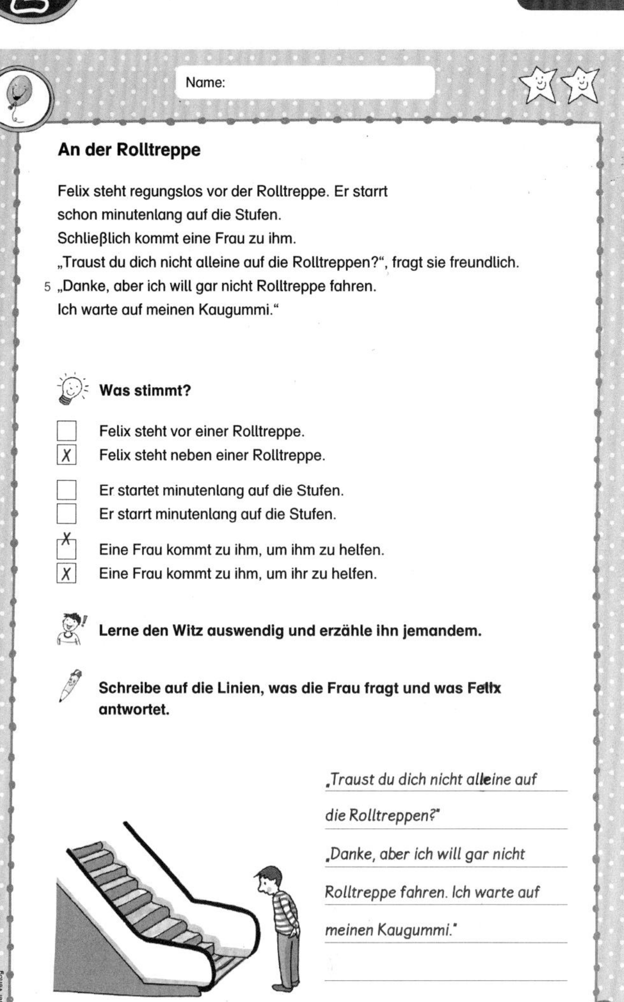

Name:

An der Rolltreppe

Felix steht regungslos vor der Rolltreppe. Er starrt schon minutenlang auf die Stufen. Schließlich kommt eine Frau zu ihm. „Traust du dich nicht alleine auf die Rolltreppen?“, fragt sie freundlich. „Danke, aber ich will gar nicht Rolltreppe fahren. Ich warte auf meinen Kaugummi.“

Was stimmt?

- [ ] Felix steht vor einer Rolltreppe.
- [X] Felix steht neben einer Rolltreppe.

- [ ] Er startet minutenlang auf die Stufen.
- [ ] Er starrt minutenlang auf die Stufen.

- [X] Eine Frau kommt zu ihm, um ihm zu helfen.
- [X] Eine Frau kommt zu ihm, um ihr zu helfen.

Lerne den Witz auswendig und erzähle ihn jemandem.

Schreibe auf die Linien, was die Frau fragt und was Felix antwortet.

„Traust du dich nicht alleine auf die Rolltreppen?“ „Danke, aber ich will gar nicht Rolltreppe fahren. Ich warte auf meinen Kaugummi.“

73

Name:

Der Hund im Restaurant

Ein Gast sitzt in einem Restaurant. Vor ihm steht ein Teller Essen. Aber der Gast traut sich nicht zu essen, weil vor dem Tisch ein großer Hund Zähne fletscht. Der Mann ruft den Kellner: „Was hat denn der Hund? Ich würde gerne in Ruhe essen.“ „Ach, ich sehe gerade, dass wir Ihnen Ihr Gericht auf seinem Lieblingsteller serviert haben“, antwortet der Kellner.

Was stimmt?

- [X] Ein Gast sitzt in einem Restaurant.
- [ ] Ein Gast sitzt in einem Ruderboot.

- [ ] Vor ihm sitzt ein Teller Essen.
- [X] Vor ihm steht ein Teller Essen.

- [X] Vor dem Tisch fletscht ein großer Hund die Zähne.
- [ ] Vor dem Tisch fletscht ein großer Hund die Mähne.

Lerne den Witz auswendig und erzähle ihn jemandem.

Schreibe auf die Linien, was der Kellner dem Gast antwortet.

„Ach, ich sehe gerade, dass wir Ihnen Ihr Gericht auf seinem Lieblingsteller serviert haben.“

74

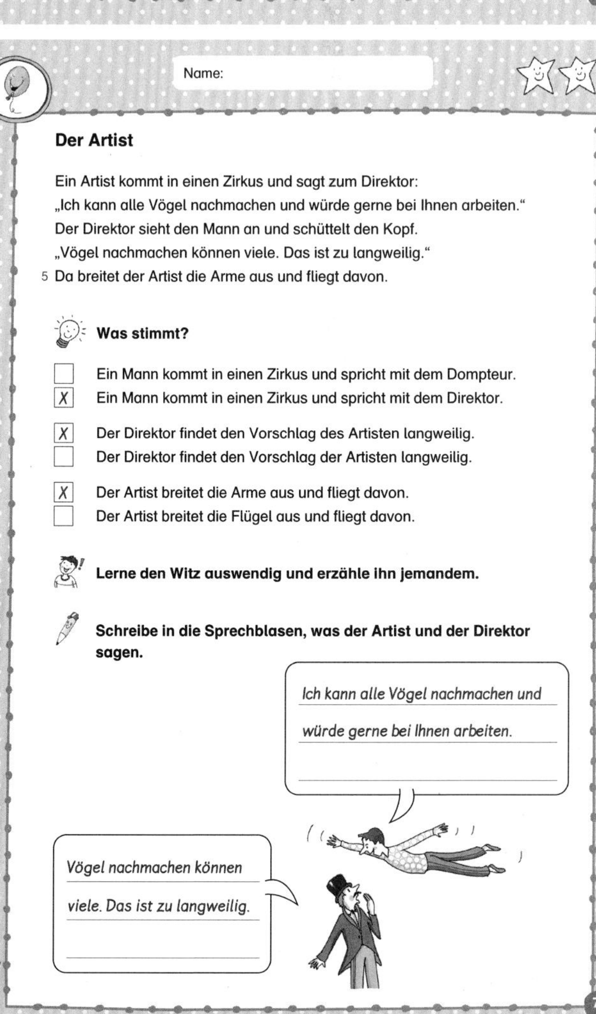

Name:

Der Artist

Ein Artist kommt in einen Zirkus und sagt zum Direktor: „Ich kann alle Vögel nachmachen und würde gerne bei Ihnen arbeiten.“ Der Direktor sieht den Mann an und schüttelt den Kopf. „Vögel nachmachen können viele. Das ist zu langweilig.“ Da breitet der Artist die Arme aus und fliegt davon.

Was stimmt?

- [ ] Ein Mann kommt in einen Zirkus und spricht mit dem Dompteur.
- [X] Ein Mann kommt in einen Zirkus und spricht mit dem Direktor.

- [X] Der Direktor findet den Vorschlag des Artisten langweilig.
- [ ] Der Direktor findet den Vorschlag der Artisten langweilig.

- [X] Der Artist breitet die Arme aus und fliegt davon.
- [ ] Der Artist breitet die Flügel aus und fliegt davon.

Lerne den Witz auswendig und erzähle ihn jemandem.

Schreibe in die Sprechblasen, was der Artist und der Direktor sagen.

75

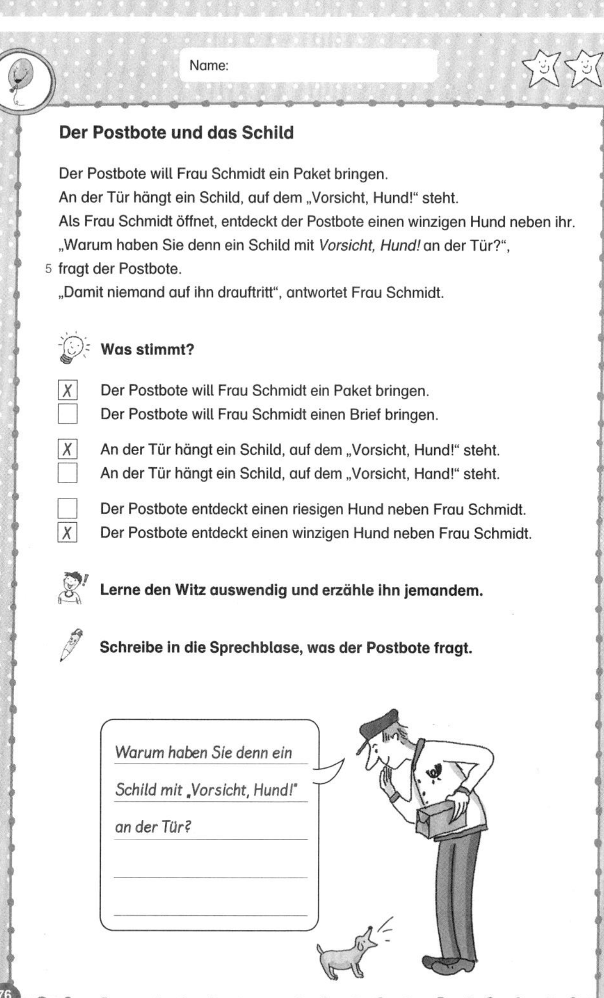

Name:

Der Postbote und das Schild

Der Postbote will Frau Schmidt ein Paket bringen. An der Tür hängt ein Schild, auf dem „Vorsicht, Hund!“ steht. Als Frau Schmidt öffnet, entdeckt der Postbote einen winzigen Hund neben ihr. „Warum haben Sie denn ein Schild mit *Vorsicht, Hund!* an der Tür?“, fragt der Postbote. „Damit niemand auf ihn drauftritt“, antwortet Frau Schmidt.

Was stimmt?

- [X] Der Postbote will Frau Schmidt ein Paket bringen.
- [ ] Der Postbote will Frau Schmidt einen Brief bringen.

- [X] An der Tür hängt ein Schild, auf dem „Vorsicht, Hund!“ steht.
- [ ] An der Tür hängt ein Schild, auf dem „Vorsicht, Hand!“ steht.

- [ ] Der Postbote entdeckt einen riesigen Hund neben Frau Schmidt.
- [X] Der Postbote entdeckt einen winzigen Hund neben Frau Schmidt.

Lerne den Witz auswendig und erzähle ihn jemandem.

Schreibe in die Sprechblase, was der Postbote fragt.

76

Name:

Zwei Kühe im Bett

Zwei Kühe liegen im Bett. Eine von ihnen kann nicht schlafen. Unruhig wirft sie sich hin und her. Zuerst wird ihr zu heiß und sie wirft die Bettdecke von sich. Dann wird ihr zu kalt und sie deckt sich wieder zu. Schließlich atmet sie tief ein und wieder aus. Dabei zählt sie Löwenzahnblätter. Als sie bei 1000 angekommen, ist sie immer noch hellwach. „Ich kann einfach nicht schlafen“, denkt sie und steht auf. Davon wird die andere Kuh wach und fragt: „Warum schläfst du nicht? Ist heute Vollmilch?“

Was stimmt?

☐ Die Kuh wirft die Bettdecke von sich.
☐ Die Kuh wirft die Fettdecke von sich.

☐ Die Kuh atmet tief ein und aus.
☐ Die Kuh atmet schief ein und aus.

☐ Dabei zähmt die Kuh Löwenzahnblätter.
☐ Dabei zählt die Kuh Löwenzahnblätter.

Lerne den Witz auswendig und erzähle ihn jemandem.

Schreibe in die Sprechblasen, was die beiden Kühe sagen.

Was macht die Kuh, wenn sie ihren Euter schüttelt? ______________________

Name:

Im Zirkus

Eine Frau kommt mit einer Maus und einer Katze in den Zirkus. Sie haben ein Vorstellungsgespräch beim Zirkusdirektor. Als die drei vor ihm stehen, will der Zirkusdirektor wissen, was die Tiere können.

Die Maus springt auf den Nacken der Katze und die Katze macht einen Witz nach dem anderen. Der Zirkusdirektor lacht laut.

„So eine lustige und schlaue Katze habe ich noch nie getroffen!", ruft er begeistert.

„Die Katze kann gar nichts, aber die Maus ist Bauchrednerin", erklärt die Frau.

Was stimmt?

- ☐ Eine Frau kommt mit einem Haus und einer Katze in den Zirkus.
- ☐ Eine Frau kommt mit einer Maus und einer Katze in den Zirkus.

- ☐ Der Zirkusdirektor lacht laut.
- ☐ Der Zirkusdirektor lacht leise.

- ☐ Die Maus ist eine Bauchrednerin.
- ☐ Die Maus ist eine Beinrednerin.

Lerne den Witz auswendig und erzähle ihn jemandem.

Schreibe auf die Linien, was der Zirkusdirektor und die Frau sagen.

____

____

____

____

____

____

Welches Tier steckt im Kaffee? ____________________

Name:

Treffen sich zwei Mäuse auf dem Dach

Zwei Mäuse leben auf einem Dach. In einer schönen, warmen Sommernacht kommen sie vorsichtig aus ihren Verstecken. Sie schauen nach oben und bewundern den Mond und die funkelnden Sterne am Nachthimmel. Die beiden unterhalten sich gerade darüber, wo es den saftigsten Käse, die leckersten Essensreste und die wenigsten Katzen gibt, als plötzlich eine Fledermaus an ihnen vorbeifliegt. Da ruft die eine Maus ganz aufgeregt zur anderen: „Boah, schau mal, was haben wir für ein Glück! Jetzt sehen wir sogar einen Engel!"

Was stimmt?

- ☐ In einer schönen, warmen Sommernacht kommen zwei Mäuse aus ihren Verstecken.
- ☐ In einer schönen, warmen Sommernacht kommen zwei Mäuse aus den Ecken.
- ☐ Die Mäuse bewundern den Mond und die funkelnden Sterne am Nachthimmel.
- ☐ Die Mäuse bewundern den Mond und die funkelnden Sterne am Nachtschimmel.
- ☐ Die Mäuse unterhalten sich darüber, wo es den süßesten Käse gibt.
- ☐ Die Mäuse unterhalten sich darüber, wo es den saftigsten Käse gibt.

Lerne den Witz auswendig und erzähle ihn jemandem.

Schreibe in die Sprechblase, was die Maus sagt.

Was ist beim Kamel klein und bei der Maus groß? ______________________

Name:

Zwei Pferde im Zoo

An einem schönen Tag spazieren zwei Pferde im Zoo. Die beiden schauen sich die Tiere in ihren Gehegen an. Zuerst gehen sie ins Affenhaus zu den Orang-Utans, Gorillas und Schimpansen. Dann schlendern sie an Elefanten, Tigern und Leoparden vorbei. Schließlich stehen die Pferde vor einem großen Gehege, in dem eine Gruppe Zebras in der Sonne grasen. Da sagt das eine Pferd zum anderen: „Sieh mal an! Es ist mitten am Tag und die laufen noch in ihren Schlafanzügen rum."

Was stimmt?

☐ An einem schönen Tag spazieren zwei Pferde im Zoo.
☐ An einem schönen Tag spazieren zwei Pfeifen im Zoo.

☐ Zuerst gehen sie ins Affenhaus zu den Onkel-Utans, Gorillas und Schimpansen.
☐ Zuerst gehen sie ins Affenhaus zu den Orang-Utans, Gorillas und Schimpansen.

☐ Schließlich stehen die Pferde vor einem großen Gehege, in dem Zebras grasen.
☐ Schließlich stehen die Pferde vor einem großen Gehege, in dem Zitronen grasen.

Lerne den Witz auswendig und erzähle ihn jemandem.

Schreibe in die Sprechblase, was das Pferd sagt.

____

____

____

____

Welches ist das stärkste Tier? ______________________

Name:

In der Zoohandlung

Eine Frau kommt in eine große Zoohandlung und schaut sich um. Aber sie findet nicht das Tier, das sie sucht. Nachdem sie in allen Gängen gewesen ist, sieht sie einen Verkäufer und fragt ihn, wo die Papageien sind.
„Papageien haben wir nicht. Aber dort hinten ist ein Specht“, erklärt der Verkäufer.
„Ach, kann der denn sprechen?“, fragt die Frau erstaunt.
„Sprechen kann er nicht, aber morsen“, antwortet der Verkäufer.

Was stimmt?

- [ ] Eine Frau kommt in eine große Zoohandlung und schaut sich um.
- [ ] Eine Frau kommt in eine hohe Zoohandlung und schaut sich um.

- [ ] Die Frau sieht einen Verkäufer und bittet ihn um Seife.
- [ ] Die Frau sieht einen Verkäufer und bittet ihn um Hilfe.

- [ ] In der Zoohandlung gibt es keine Papageien, aber einen Specht.
- [ ] In der Zoohandlung gibt es keine Papageien, aber einen Hecht.

Lerne den Witz auswendig und erzähle ihn jemandem.

Schreibe auf die Linien, was der Verkäufer der Frau antwortet.

____

____

Welcher Papa kann fliegen? ____________________

Name:

Montagmorgen

Am Montagmorgen kommt der Lehrer in die Klasse und sagt: „Ab jetzt stelle ich euch jeden Montag eine Frage. Wer sie richtig beantworten kann, bekommt keine Hausaufgaben auf. Also: Wie viele Sandkörner sind in der Sahara?“ Niemand weiß es. Am nächsten Montag kommt er wieder in die Klasse und fragt: „Wie viele Liter hat die Ostsee?“ Wieder meldet sich niemand.
Am folgenden Montag stellt Amira vor dem Unterricht schnell ihren Turnschuh auf das Pult. Der Lehrer kommt und fragt: „Wem gehört dieser Schuh?“ Amira ruft: „Mir! Und heute bekomme ich keine Hausaufgaben auf!“

Was stimmt?

- ☐ Der Lehrer will jeden Montagmorgen eine Frage stellen.
- ☐ Der Lehrer will jeden Montagmorgen eine Falle stellen.

- ☐ Wer die Frage richtig beantwortet, bekommt viele Hausaufgaben auf.
- ☐ Wer die Frage richtig beantwortet, bekommt keine Hausaufgaben auf.

- ☐ Amira stellt ihren Turnschuh auf das Pult.
- ☐ Amira stellt ihren Turnschuh neben das Pult.

Lerne den Witz auswendig und erzähle ihn jemandem.

Schreibe in die Sprechblase, was Amira auf die Frage des Lehrers antwortet.

Wer trägt den Namen auf dem Rücken? ______________________

Name:

Eine verträumte Schülerin

Daphne sitzt im Klassenzimmer auf ihrem Platz. Vor ihr liegen ihr Heft und ein Stift. Aber anstatt wie die anderen einen Aufsatz zu schreiben, schaut Daphne aus dem Fenster, beobachtet die Vögel und träumt vor sich hin. Die Lehrerin bemerkt es und kommt zu ihr. „Daphne, was machst du eigentlich am Sonntag?“, fragt die Lehrerin. „Sonntags ruhe ich mich aus“, antwortet Daphne.

„Dann erinnere ich dich jetzt daran, dass heute Mittwoch ist“, sagt die Lehrerin.

Was stimmt?

☐ Daniela sitzt im Klassenzimmer auf ihrem Platz.

☐ Daphne sitzt im Klassenzimmer auf ihrem Platz.

☐ Anstatt wie die anderen einen Aufsatz zu schreiben, schaut Daphne aus dem Fenster.

☐ Anstatt wie die anderen einen Aufsatz zu schreiben, spuckt Daphne aus dem Fenster.

☐ Die Lehrerin bemerkt, dass Daniela aus dem Fenster schaut und kommt zu ihr.

☐ Die Lehrerin bemerkt, dass Daphne aus dem Fenster schaut und kommt zu ihr.

Lerne den Witz auswendig und erzähle ihn jemandem.

Schreibe auf die Linien, woran die Lehrerin Daphne erinnert.

Was macht ein Keks, der keine Lust auf Schule hat? ____________________

A. Neubauer: 80 Witze für mehr Textverständnis Klasse 2–4

Name:

Der Überfall

Heute Morgen läuft Mascha atemlos ins Klassenzimmer. Sie kommt zu spät. Der Unterricht hat schon begonnen. Alle anderen sitzen schon am Tisch und schreiben. Der Lehrer sieht sie an und fragt: „Mascha, du bist doch immer pünktlich. Was ist denn nur passiert?“

Mascha schnappt nach Luft. Dann antwortet sie: „Etwas ganz Fürchterliches! Ich bin von Räubern überfallen worden.“

„Und was hat man dir gestohlen?“, will der Lehrer wissen.

„Zum Glück nur meine Hausaufgaben!“, sagt Mascha.

Was stimmt?

- [ ] Heute Morgen läuft Mascha atemlos ins Klassenzimmer.
- [ ] Heute Morgen läuft Mascha atemlos durchs Klassenzimmer.

- [ ] Der Unterricht hat schon begonnen.
- [ ] Der Unterricht hat nicht begonnen.

- [ ] Mascha sagt, ihr seien die Hausaufgaben von Römern gestohlen worden.
- [ ] Mascha sagt, ihr seien die Hausaufgaben von Räubern gestohlen worden.

Lerne den Witz auswendig und erzähle ihn jemandem.

Schreibe auf die Linie, was Mascha auf die Frage des Lehrers antwortet.

____

Welcher Blitz richtet keinen Schaden an? ______________________

Name:

Mathematikunterricht

Heute lernen die Kinder im Mathematikunterricht die Addition. Als die Lehrerin fragt, wie viel fünf plus fünf ist, antwortet niemand. Also fragt die Lehrerin ihre Schülerin Sofia: „Wenn du fünf Euro hast und deinen Bruder um weitere fünf Euro bittest, wie viel Euro hast du dann?“ Daraufhin antwortet Sofia, ohne zu überlegen: „Fünf Euro!“ Die Mathematiklehrerin wundert sich und sagt: „Sofia, du rechnest doch sonst immer sehr gut.“ „Das stimmt schon, aber Sie kennen meinen Bruder nicht!“, antwortet Sofia.

Was stimmt?

- ☐ Heute lernen die Kinder im Mathematikunterricht die Addition.
- ☐ Heute verlernen die Kinder im Mathematikunterricht die Addition.

- ☐ Als die Lehrerin fragt, wieviel fünf plus vier ist, antwortet niemand.
- ☐ Als die Lehrerin fragt, wieviel fünf plus fünf ist, antwortet niemand.

- ☐ Die Lehrerin wundert sich über Sofias Rechenergebnis.
- ☐ Die Lehrerin wundert sich über Sinas Rechenergebnis.

Lerne den Witz auswendig und erzähle ihn jemandem.

Schreibe auf die Linien, was die Lehrerin sagt und was Sofia ihr antwortet.

Wo ist man erst drin, wenn man mit den Füßen draußen ist? ____________________

Name:

Im Sachunterricht

Klara hat sich fest vorgenommen, in der Schule besser zu werden. Deswegen passt sie heute im Sachkundeunterricht besonders gut auf. Als der Lehrer fragt: „Welcher Vogel baut keine Nester?“, überlegen die Kinder lange. Dann hat Klara eine Idee und meldet sich auf. „Ja, Klara, du weißt die Antwort?“, fragt der Lehrer freundlich. „Der Kuckuck baut keine Nester!“, antwortet Klara. Der Lehrer wundert sich. „Wie kommst du denn darauf?“, fragt er erstaunt. „Weil der Kuckuck in der Uhr lebt!“, antwortet Klara.

Was stimmt?

- [ ] Klara hat sich fest vorgenommen, in der Kita besser zu werden.
- [ ] Klara hat sich fest vorgenommen, in der Schule besser zu werden.

- [ ] Deswegen passt Klara heute im Fachkundeunterricht gut auf.
- [ ] Deswegen passt Klara heute im Sachkundeunterricht gut auf.

- [ ] Der Lehrer verwünscht sich, als er Klaras Antwort hört.
- [ ] Der Lehrer wundert sich, als er Klaras Antwort hört.

Lerne den Witz auswendig und erzähle ihn jemandem.

Schreibe auf die Linien, was Klara auf die Frage des Lehrers antwortet.

____

In welche Gläser soll man keinen Saft eingießen? ______________________

Name:

Das Geburtstagsgeschenk

Der kleine Fritz besucht seine Oma. Als die beiden am Mittagstisch sitzen und Spaghetti mit Tomatensoße essen, sagt Fritz: „Vielen Dank, Oma, für die Blockflöte. Das war das schönste Geschenk, das ich zu meinem Geburtstag bekommen habe!“ Die Oma freut sich und fragt: „Du hast doch so viele schöne Sachen bekommen. Warum war denn die Blockflöte dein schönstes Geschenk?“ Da antwortet Fritz: „Immer wenn ich darauf spiele, gibt mir Papa einen Euro, damit ich aufhöre!“

Was stimmt?

☐ Der kleine Fritz besucht seine Oma.
☐ Der kleine Fritz besucht seinen Opa.

☐ Als die drei am Mittagstisch sitzen, essen sie Spaghetti mit Tomatensoße.
☐ Als die beiden am Mittagstisch sitzen, essen sie Spaghetti mit Tomatensoße.

☐ Der kleine Fritz hat von seiner Oma eine Querflöte zum Geburtstag bekommen.
☐ Der kleine Fritz hat von seiner Oma eine Blockflöte zum Geburtstag bekommen.

Lerne den Witz auswendig und erzähle ihn jemandem.

Schreibe auf die Linien, was Fritz auf die Frage seiner Oma antwortet.

____

____

____

Welcher Peter macht am meisten Krach? ____________________

A. Neubauer: 80 Witze für mehr Textverständnis Klasse 2–4

Name:

Der Weihnachtswunsch

Linus wünscht sich schon seit seinem letzten Geburtstag ein Schlagzeug. Jetzt ist schon bald Weihnachten. Deswegen geht Linus eines Abends nach dem Essen zu seinen Eltern und bittet sie wieder darum, ihm endlich ein Schlagzeug zu schenken. Da fragt ihn die Mutter: „Linus, kannst du mir verraten, wie Papa und ich bei so einem Krach arbeiten sollen?“ Linus überlegt einen Moment, bevor er antwortet: „Weißt du, ich verspreche euch, einfach nur dann zu üben, wenn ihr schlaft.“

Was stimmt?

☐ Linus wünscht sich schon seit seinem letzten Geburtstag ein Schlagzeug.
☐ Linus wünscht sich schon seit seinem letzten Geburtstag einen Schlafanzug.

☐ Linus wünscht sich auch zu Weihnachten ein Schlagzeug von deinen Eltern.
☐ Linus wünscht sich auch zu Weihnachten ein Schlagzeug von seinen Eltern.

☐ Linus verspricht, nur zu üben, wenn seine Eltern schlafen.
☐ Linus verspricht, nur zu lügen, wenn seine Eltern schlafen.

Lerne den Witz auswendig und erzähle ihn jemandem.

Schreibe auf die Linien, was Linus auf die Frage seiner Mutter antwortet.

____

____

____

Was passiert, wenn sich zwei Tausendfüßler umarmen?

____

Name:

Auf dem Spielplatz

Ali ist mit seiner Mutter auf dem Spielplatz. Er turnt hoch oben auf einem Klettergerüst. Plötzlich springt er herunter und läuft zu seiner Mutter. „Mama, kannst du mir bitte zwei Euro für einen alten Mann geben?“, fragt er sie und hält seine Hand hin.
„Aber gerne. Es freut mich, dass du jemandem helfen willst. Wo ist der Mann denn genau?“, will die Mutter wissen, während sie ihren Geldbeutel aus der Handtasche nimmt.
„Er steht an der Kreuzung und verkauft Eis“, antwortet Ali.

Was stimmt?

☐ Ali ist mit seiner Mutter auf dem Spielplatz.
☐ Ali ist mit seiner Mutter auf dem Sportplatz.

☐ Ali tanzt hoch oben auf einem Klettergerüst.
☐ Ali turnt hoch oben auf einem Klettergerüst.

☐ Plötzlich springt Ali herunter und läuft zu seiner Mutter.
☐ Plötzlich fällt Ali herunter und läuft zu seiner Mutter.

Lerne den Witz auswendig und erzähle ihn jemandem.

Schreibe in die Sprechblase, was Ali seiner Mutter antwortet.

____

____

____

Welche Mütze ist auf den Hund gekommen? ______________________

Name:

Bei der Ärztin

Die kleine Soraya sitzt mit ihrer Mutter im Wartezimmer. Soraya blättert in ihrem Buch und die Mutter liest Zeitung. Vor ihnen sind noch andere an der Reihe. Schließlich werden auch die beiden zur Ärztin gerufen.

Als sie im Behandlungszimmer sind und sich gesetzt haben, erklärt die Mutter: „Ich mache mir große Sorgen um meine Tochter. Soraya behauptet, dass sie Stimmen hört.“ Die Ärztin schaut Soraya an und fragt: „Passiert dir das denn oft?“ „Immer dann, wenn ich telefoniere“, antwortet Soraya.

Was stimmt?

- [ ] Die kleine Soraya sitzt mit ihrer Mutter im Wartezimmer.
- [ ] Die kleine Soraya sitzt mit ihrer Mutter im Wohnzimmer.

- [ ] Soraya blättert in ihrem Buch und die Mutter liest Zeitung.
- [ ] Sonja blättert in ihrem Buch und die Mutter liest Zeitung.

- [ ] Schließlich werden auch Soraya und ihre Mutter zur Ärztin getragen.
- [ ] Schließlich werden auch Soraya und ihre Mutter zur Ärztin gerufen.

Lerne den Witz auswendig und erzähle ihn jemandem.

Schreibe auf die Linien, was die Ärztin fragt und was Soraya antwortet.

Wer ist im Bett und doch unterwegs? ____________________

Name:

Riesige Schlangen

Am Wochenende ist schönes Wetter und die Eltern wollen mit ihrem Sohn in den Zoo. Aber Sebastian will lieber zu Hause bleiben, um mit seiner Freundin Tina im Garten zu spielen. Um ihn zu überreden, erzählen ihm seine Eltern von Erdmännchen, Tigern und Elefanten. Aber Sebastian hat keine Lust. Schließlich sagt seine Mutter: „Im Zoo gibt es auch riesige Schlangen. Willst du sie dir nicht anschauen?“

„Viel lieber schaue ich mir im Garten einen Regenwurm unter der Lupe an“, antwortet Sebastian.

Was stimmt?

☐ Am Wochenende wollen die Großeltern mit ihrem Sohn in den Zoo.
☐ Am Wochenende wollen die Eltern mit ihrem Sohn in den Zoo.

☐ Sebastian will lieber zu Hause bleiben, um mit Dinos im Garten zu spielen.
☐ Sebastian will lieber zu Hause bleiben, um mit Tina im Garten zu spielen.

☐ Um ihn zu überreden, erzählen ihm seine Eltern von den Tiefen im Zoo.
☐ Um ihn zu überreden, erzählen ihm seine Eltern von den Tieren im Zoo.

Lerne den Witz auswendig und erzähle ihn jemandem.

Schreibe in die Sprechblase, was Sebastian auf die Frage seiner Mutter antwortet.

Welchen Tisch kann man essen? ____________________

Name:

Unterhalten sich zwei Gespenster

Um Mitternacht heult es fürchterlich im alten Schlossturm. Es ist Geisterstunde! Die Gespenster Hugo und Gernhardt fliegen vorsichtig aus ihren Verstecken. Wie jede Nacht um diese Zeit treffen sich die beiden zu einem kleinen Schwatz unter Freunden.

„Hast du eigentlich den Job im Restaurant bekommen?“, fragt Hugo.

„Ja, habe ich!“, antwortet Gernhardt stolz.

„Geisterhaften Glückwunsch! Etwa als Kellner?“, fragt Hugo weiter.

„Nein, ich arbeite als Tischtuch!“, antwortet Gernhardt.

Was stimmt?

- [ ] Um Mitternacht heult es fürchterlich im alten Schlossturm.
- [ ] Um Mitternacht hallt es fürchterlich im alten Schlossturm.

- [ ] Die Gespenster Hugo und Gernhardt krabbeln vorsichtig aus ihren Verstecken.
- [ ] Die Gespenster Hugo und Gernhardt fliegen vorsichtig aus ihren Verstecken.

- [ ] Wie jede Nacht um diese Zeit treffen sich die beiden, um zusammen zu plaudern.
- [ ] Wie jede Nacht um diese Zeit treffen sich die beiden, um zusammen zu saugen.

Lerne den Witz auswendig und erzähle ihn jemandem.

Schreibe auf die Linien, was Gespenst Gernhardt auf Hugos Frage antwortet.

____

____

Was sagt ein Stein zum anderen? ______________________

Name:

Stromausfall

Am Nachmittag geht Frau Meier im Park spazieren. Am Springbrunnen trifft sie zufällig ihren Bekannten, Herrn Krummbein.
„Guten Tag, Herr Krummbein. Sie können sich nicht vorstellen, was mir gestern passiert ist!“, sagt Frau Meier aufgeregt.
„Was denn?“, fragt Herr Krummbein neugierig.
„Gestern war in unserem Haus Stromausfall und ich habe eine Stunde im Aufzug festgesteckt“, antwortet Frau Meier.
„Ach, das ist doch gar nichts! Ich habe zwei Stunden auf der Rolltreppe gestanden“, sagt Herr Krummbein.

Was stimmt?

☐ Frau Meier geht nachmittags im Park spazieren.
☐ Frau Meier geht vormittags im Park spazieren.

☐ Am Springbrunnen trifft sie zufällig ihren Bekannten, Herrn Krummpein.
☐ Am Springbrunnen trifft sie zufällig ihren Bekannten, Herrn Krummbein.

☐ Frau Meier hat eine Stunde im Aufzug festgesteckt.
☐ Frau Meier hat eine Stunde im Anzug festgesteckt.

Lerne den Witz auswendig und erzähle ihn jemandem.

Schreibe auf die Linien, was Herrn Krummbein passiert ist.

____

____

____

Was wird beim Abtrocknen nass? ____________________

Name:

In der Wüste

Zwei Löwen streifen gemeinsam durch die Wüste. Die Sonne brennt vom Himmel. Es ist heiß und die mächtigen Tiere sind müde und durstig. Sie haben schon tagelang nichts mehr gegessen. Plötzlich entdecken die beiden einen großen Kaktus. Darunter liegt ein toter Ritter in Ritterrüstung. Die Löwen trotten näher heran. Als sie vor dem Ritter stehen, fragt der eine Löwe den anderen: „Magst du Ritter?“ Der andere schüttelt verneinend den Kopf und antwortet: „Bitte nicht schon wieder Dosenfutter!“

Was stimmt?

☐ Zwei Löwen streifen gemeinsam durch die Wüste.
☐ Zwei Löwen streifen gemeinsam durch die Wiese.

☐ Es ist heiß und die mächtigen Tiere sind müde, durstig und hungrig.
☐ Es ist heiß und die mächtigen Tiere sind wütend, durstig und hungrig.

☐ Unter einem großen Kaktus liegt ein roter Ritter in Ritterrüstung.
☐ Unter einem großen Kaktus liegt ein toter Ritter in Ritterrüstung.

Lerne den Witz auswendig und erzähle ihn jemandem.

Schreibe in die Sprechblasen, was die Löwen sagen.

Was ist süß und läuft durch die Wüste? ______________________

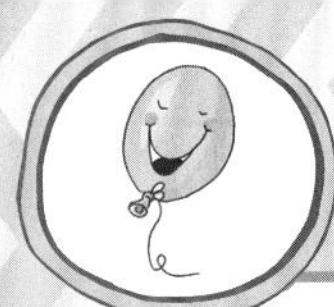

Name:

Die Frau und das Känguru

Eine Frau läuft mit einem Känguru an einem Eisverkäufer vorbei.
„Wo haben Sie denn das Känguru her?“, fragt der Eisverkäufer.
„Das ist mir zugelaufen. Ich weiß nicht, was ich mit ihm machen soll“, antwortet die Frau.
„Gehen Sie doch mit ihm in den Zoo!“, schlägt der Eisverkäufer vor.
Am nächsten Tag kommt die Frau wieder mit dem Känguru an dem Eisverkäufer vorbei.
„Waren Sie denn nicht mit dem Känguru im Zoo?“, sagt der Eisverkäufer.
„Doch, und heute gehen wir in die Bücherei“, antwortet die Frau.

Was stimmt?

☐ Eine Frau läuft mit einem Kamel an einem Eisverkäufer vorbei.
☐ Eine Frau läuft mit einem Känguru an einem Eiverkäufer vorbei.

☐ Das Känguru ist der Frau weggelaufen.
☐ Das Känguru ist der Frau zugelaufen.

☐ Am nächsten Tag will die Frau mit dem Känguru in die Bücherei.
☐ Am nächsten Tag will die Frau mit dem Känguru in die Buchhandlung.

Lerne den Witz auswendig und erzähle ihn jemandem.

Schreibe die Frage des Eisverkäufers und die Antwort der Frau auf.

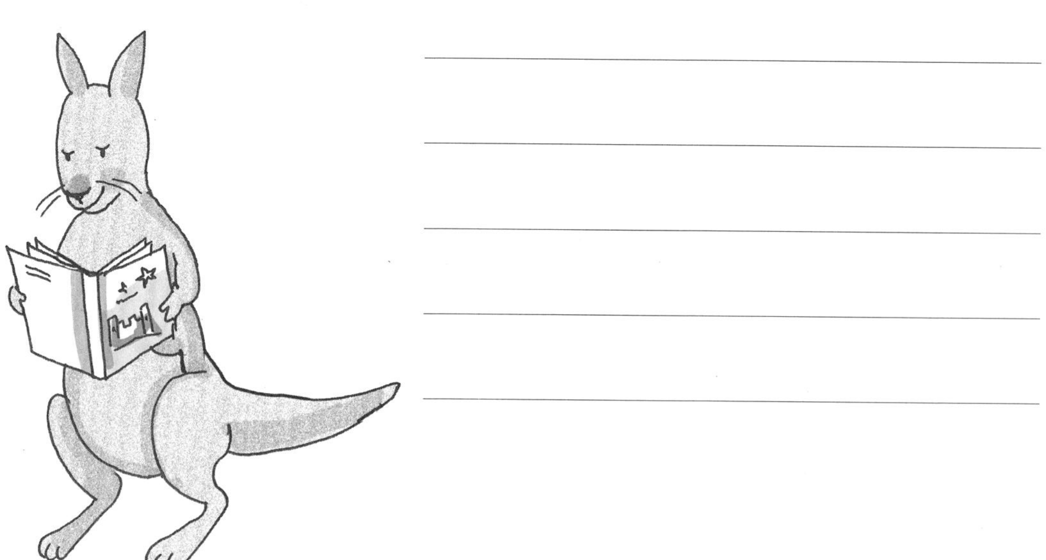

Welche Birne wird niemals faul? ______________

Name:

Fischernetze

Matteo ist mit seinen Eltern am Hafen. Die Sonne scheint vom Himmel und das Meer liegt ruhig vor ihnen. Gemeinsam beobachten die drei, wie die Fischer in ihren Booten die Netze auswerfen und prall gefüllt wieder einholen. Als ein Fischer mit einem vollen Netz an ihnen vorbeigeht, fragt Matteo ihn: „Guten Tag! Sagen Sie bitte, wie wird so ein Netz eigentlich gemacht?“
„Ganz einfach! Man nimmt eine ganze Menge Löcher und knotet sie mit einer Schnur zusammen“, antwortet der Fischer.

Was stimmt?

- [ ] Matteo ist mit seinen Eltern am Hafen und sieht aufs Meer.
- [ ] Matteo ist mit seinen Eltern am Ofen und sieht aufs Meer.

- [ ] Die Sonne scheint vom Schimmel und das Meer liegt ruhig vor ihnen.
- [ ] Die Sonne scheint vom Himmel und das Meer liegt ruhig vor ihnen.

- [ ] Gemeinsam beobachten die drei die Fischer in ihren Booten.
- [ ] Gemeinsam beobachten die drei die Fischer in ihrem Boden.

Lerne den Witz auswendig und erzähle ihn jemandem.

Schreibe in die Sprechblase, was der Fischer auf die Frage von Matteo antwortet.

Welches Gewicht will keiner verlieren? ______________________

Lösungen

Name: 

Zwei Kühe im Bett

Zwei Kühe liegen im Bett. Eine von ihnen kann nicht schlafen. Unruhig wirft sie sich hin und her. Zuerst wird ihr zu heiß und sie wirft die Bettdecke von sich. Dann wird ihr zu kalt und sie deckt sich wieder zu. Schließlich atmet sie tief ein und wieder aus. Dabei zählt sie Löwenzahnblätter. Als sie bei 1000 angekommen, ist sie immer noch hellwach. „Ich kann einfach nicht schlafen", denkt sie und steht auf. Davon wird die andere Kuh wach und fragt: „Warum schläfst du nicht? Ist heute Vollmilch?"

Was stimmt?

- [X] Die Kuh wirft die Bettdecke von sich.
- [ ] Die Kuh wirft die Fettdecke von sich.

- [X] Die Kuh atmet tief ein und aus.
- [ ] Die Kuh atmet schief ein und aus.

- [ ] Dabei zähmt die Kuh Löwenzahnblätter.
- [X] Dabei zählt die Kuh Löwenzahnblätter.

Lerne den Witz auswendig und erzähle ihn jemandem.

Schreibe in die Sprechblasen, was die beiden Kühe sagen.

Warum schläfst du nicht? Ist heute Vollmilch?

Ich kann einfach nicht schlafen.

Was macht die Kuh, wenn sie ihren Euter schüttelt? *einen Milchshake*

 Name: 

Im Zirkus

Eine Frau kommt mit einer Maus und einer Katze in den Zirkus. Sie haben ein Vorstellungsgespräch beim Zirkusdirektor. Als die drei vor ihm stehen, will der Zirkusdirektor wissen, was die Tiere können.
Die Maus springt auf den Nacken der Katze und die Katze macht einen Witz nach dem anderen. Der Zirkusdirektor lacht laut.
„So eine lustige und schlaue Katze habe ich noch nie getroffen!", ruft er begeistert.
„Die Katze kann gar nichts, aber die Maus ist Bauchrednerin", erklärt die Frau.

Was stimmt?

- [ ] Eine Frau kommt mit einem Haus und einer Katze in den Zirkus.
- [X] Eine Frau kommt mit einer Maus und einer Katze in den Zirkus.

- [X] Der Zirkusdirektor lacht laut.
- [ ] Der Zirkusdirektor lacht leise.

- [X] Die Maus ist eine Bauchrednerin.
- [ ] Die Maus ist eine Beinrednerin.

 **Lerne den Witz auswendig und erzähle ihn jemandem.**

 **Schreibe auf die Linien, was der Zirkusdirektor und die Frau sagen.**

„So eine lustige und schlaue Katze habe ich noch nie getroffen!"
„Die Katze kann gar nichts, aber die Maus ist Bauchrednerin."

Welches Tier steckt im Kaffee? *der Affe*

 Name: 

Treffen sich zwei Mäuse auf dem Dach

Zwei Mäuse leben auf einem Dach. In einer schönen, warmen Sommernacht kommen sie vorsichtig aus ihren Verstecken. Sie schauen nach oben und bewundern den Mond und die funkelnden Sterne am Nachthimmel. Die beiden unterhalten sich gerade darüber, wo es den saftigsten Käse, die leckersten Essensreste und die wenigsten Katzen gibt, als plötzlich eine Fledermaus an ihnen vorbeifliegt. Da ruft die eine Maus ganz aufgeregt zur anderen: „Boah, schau mal, was haben wir für ein Glück! Jetzt sehen wir sogar einen Engel!"

 **Was stimmt?**

- [X] In einer schönen, warmen Sommernacht kommen zwei Mäuse aus ihren Verstecken.
- [ ] In einer schönen, warmen Sommernacht kommen zwei Mäuse aus den Ecken.

- [X] Die Mäuse bewundern den Mond und die funkelnden Sterne am Nachthimmel.
- [ ] Die Mäuse bewundern den Mond und die funkelnden Sterne am Nachtschimmel.

- [ ] Die Mäuse unterhalten sich darüber, wo es den süßesten Käse gibt.
- [X] Die Mäuse unterhalten sich darüber, wo es den saftigsten Käse gibt.

 **Lerne den Witz auswendig und erzähle ihn jemandem.**

 **Schreibe in die Sprechblase, was die Maus sagt.**

Boah, schau mal, was haben wir für ein Glück! Jetzt sehen wir sogar einen Engel!

Was ist beim Kamel klein und bei der Maus groß? *das M*

 Name: 

Zwei Pferde im Zoo

An einem schönen Tag spazieren zwei Pferde im Zoo. Die beiden schauen sich die Tiere in ihren Gehegen an. Zuerst gehen sie ins Affenhaus zu den Orang-Utans, Gorillas und Schimpansen. Dann schlendern sie an Elefanten, Tigern und Leoparden vorbei. Schließlich stehen die Pferde vor einem großen Gehege, in dem eine Gruppe Zebras in der Sonne grasen. Da sagt das eine Pferd zum anderen: „Sieh mal an! Es ist mitten am Tag und die laufen noch in ihren Schlafanzügen rum."

 **Was stimmt?**

- [X] An einem schönen Tag spazieren zwei Pferde im Zoo.
- [ ] An einem schönen Tag spazieren zwei Pfeifen im Zoo.

- [ ] Zuerst gehen sie ins Affenhaus zu den Onkel-Utans, Gorillas und Schimpansen.
- [X] Zuerst gehen sie ins Affenhaus zu den Orang-Utans, Gorillas und Schimpansen.

- [X] Schließlich stehen die Pferde vor einem großen Gehege, in dem Zebras grasen.
- [ ] Schließlich stehen die Pferde vor einem großen Gehege, in dem Zitronen grasen.

 **Lerne den Witz auswendig und erzähle ihn jemandem.**

 **Schreibe in die Sprechblase, was das Pferd sagt.**

Sieh mal an! Es ist mitten am Tag und die laufen noch in ihren Schlafanzügen rum.

Welches ist das stärkste Tier? *Die Schnecke. Sie trägt ein Haus auf dem Rücken.*

Name:

In der Zoohandlung

Eine Frau kommt in eine große Zoohandlung und schaut sich um. Aber sie findet nicht das Tier, das sie sucht. Nachdem sie in allen Gängen gewesen ist, sieht sie einen Verkäufer und fragt ihn, wo die Papageien sind.
„Papageien haben wir nicht. Aber dort hinten ist ein Specht", erklärt der Verkäufer.
„Ach, kann der denn sprechen?", fragt die Frau erstaunt.
„Sprechen kann er nicht, aber morsen", antwortet der Verkäufer.

Was stimmt?

- [X] Eine Frau kommt in eine große Zoohandlung und schaut sich um.
- [ ] Eine Frau kommt in eine hohe Zoohandlung und schaut sich um.

- [ ] Die Frau sieht einen Verkäufer und bittet ihn um Seife.
- [X] Die Frau sieht einen Verkäufer und bittet ihn um Hilfe.

- [X] In der Zoohandlung gibt es keine Papageien, aber einen Specht.
- [ ] In der Zoohandlung gibt es keine Papageien, aber einen Hecht.

Lerne den Witz auswendig und erzähle ihn jemandem.

Schreibe auf die Linien, was der Verkäufer der Frau antwortet.

„Sprechen kann er nicht, aber morsen."

Welcher Papa kann fliegen? *Der Papa-gei*

Name:

Montagmorgen

Am Montagmorgen kommt der Lehrer in die Klasse und sagt: „Ab jetzt stelle ich euch jeden Montag eine Frage. Wer sie richtig beantworten kann, bekommt keine Hausaufgaben auf. Also: Wie viele Sandkörner sind in der Sahara?" Niemand weiß es. Am nächsten Montag kommt er wieder in die Klasse und fragt: „Wie viele Liter hat die Ostsee?" Wieder meldet sich niemand.
Am folgenden Montag stellt Amira vor dem Unterricht schnell ihren Turnschuh auf das Pult. Der Lehrer kommt und fragt: „Wem gehört dieser Schuh?" Amira ruft: „Mir! Und heute bekomme ich keine Hausaufgaben auf!"

Was stimmt?

- [X] Der Lehrer will jeden Montagmorgen eine Frage stellen.
- [ ] Der Lehrer will jeden Montagmorgen eine Falle stellen.

- [ ] Wer die Frage richtig beantwortet, bekommt viele Hausaufgaben auf.
- [X] Wer die Frage richtig beantwortet, bekommt keine Hausaufgaben auf.

- [X] Amira stellt ihren Turnschuh auf das Pult.
- [ ] Amira stellt ihren Turnschuh neben das Pult.

Lerne den Witz auswendig und erzähle ihn jemandem.

Schreibe in die Sprechblase, was Amira auf die Frage des Lehrers antwortet.

Mir! Und heute bekomme ich keine Hausaufgaben auf!

Wer trägt den Namen auf dem Rücken? *das Buch*

Name:

Eine verträumte Schülerin

Daphne sitzt im Klassenzimmer auf ihrem Platz. Vor ihr liegen ihr Heft und ein Stift. Aber anstatt wie die anderen einen Aufsatz zu schreiben, schaut Daphne aus dem Fenster, beobachtet die Vögel und träumt vor sich hin. Die Lehrerin bemerkt es und kommt zu ihr. „Daphne, was machst du eigentlich am Sonntag?", fragt die Lehrerin.
„Sonntags ruhe ich mich aus", antwortet Daphne.
„Dann erinnere ich dich jetzt daran, dass heute Mittwoch ist", sagt die Lehrerin.

Was stimmt?

- [ ] Daniela sitzt im Klassenzimmer auf ihrem Platz.
- [X] Daphne sitzt im Klassenzimmer auf ihrem Platz.

- [X] Anstatt wie die anderen einen Aufsatz zu schreiben, schaut Daphne aus dem Fenster.
- [ ] Anstatt wie die anderen einen Aufsatz zu schreiben, spuckt Daphne aus dem Fenster.

- [ ] Die Lehrerin bemerkt, dass Daniela aus dem Fenster schaut und kommt zu ihr.
- [X] Die Lehrerin bemerkt, dass Daphne aus dem Fenster schaut und kommt zu ihr.

Lerne den Witz auswendig und erzähle ihn jemandem.

Schreibe auf die Linien, woran die Lehrerin Daphne erinnert.

„Dann erinnere ich dich jetzt daran, dass heute Mittwoch ist."

Was macht ein Keks, der keine Lust auf Schule hat? *Er verkrümelt sich.*

Name:

Der Überfall

Heute Morgen läuft Mascha atemlos ins Klassenzimmer. Sie kommt zu spät. Der Unterricht hat schon begonnen. Alle anderen sitzen schon am Tisch und schreiben. Der Lehrer sieht sie an und fragt: „Mascha, du bist doch immer pünktlich. Was ist denn nur passiert?"
Mascha schnappt nach Luft. Dann antwortet sie: „Etwas ganz Fürchterliches! Ich bin von Räubern überfallen worden."
„Und was hat man dir gestohlen?", will der Lehrer wissen.
„Zum Glück nur meine Hausaufgaben!", sagt Mascha.

Was stimmt?

- [X] Heute Morgen läuft Mascha atemlos ins Klassenzimmer.
- [ ] Heute Morgen läuft Mascha atemlos durchs Klassenzimmer.

- [X] Der Unterricht hat schon begonnen.
- [ ] Der Unterricht hat nicht begonnen.

- [ ] Mascha sagt, ihr seien die Hausaufgaben von Römern gestohlen worden.
- [X] Mascha sagt, ihr seien die Hausaufgaben von Räubern gestohlen worden.

Lerne den Witz auswendig und erzähle ihn jemandem.

Schreibe auf die Linie, was Mascha auf die Frage des Lehrers antwortet.

„Zum Glück nur meine Hausaufgaben!"

Welcher Blitz richtet keinen Schaden an? *der Geistesblitz*

Name: 

Mathematikunterricht

Heute lernen die Kinder im Mathematikunterricht die Addition. Als die Lehrerin fragt, wie viel fünf plus fünf ist, antwortet niemand. Also fragt die Lehrerin ihre Schülerin Sofia: „Wenn du fünf Euro hast und deinen Bruder um weitere fünf Euro bittest, wie viel Euro hast du dann?" Daraufhin antwortet Sofia, ohne zu überlegen: „Fünf Euro!" Die Mathematiklehrerin wundert sich und sagt: „Sofia, du rechnest doch sonst immer sehr gut." „Das stimmt schon, aber Sie kennen meinen Bruder nicht!", antwortet Sofia.

 **Was stimmt?**

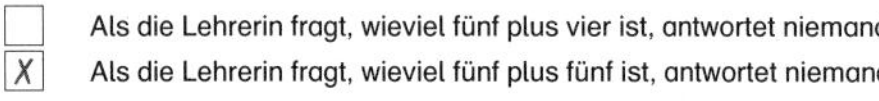

- [X] Heute lernen die Kinder im Mathematikunterricht die Addition.
- [ ] Heute verlernen die Kinder im Mathematikunterricht die Addition.

- [ ] Als die Lehrerin fragt, wieviel fünf plus vier ist, antwortet niemand.
- [X] Als die Lehrerin fragt, wieviel fünf plus fünf ist, antwortet niemand.

- [X] Die Lehrerin wundert sich über Sofias Rechenergebnis.
- [ ] Die Lehrerin wundert sich über Sinas Rechenergebnis.

 **Lerne den Witz auswendig und erzähle ihn jemandem.**

 **Schreibe auf die Linien, was die Lehrerin sagt und was Sofia ihr antwortet.**

„Sofia, du rechnest doch sonst immer sehr gut."

„Das stimmt schon, aber Sie kennen meinen Bruder nicht!"

Wo ist man erst drin, wenn man mit den Füßen draußen ist? *in der Hose*

90

 Name: 

Im Sachunterricht

Klara hat sich fest vorgenommen, in der Schule besser zu werden. Deswegen passt sie heute im Sachkundeunterricht besonders gut auf. Als der Lehrer fragt: „Welcher Vogel baut keine Nester?", überlegen die Kinder lange. Dann hat Klara eine Idee und meldet sich auf. „Ja, Klara, du weißt die Antwort?", fragt der Lehrer freundlich. „Der Kuckuck baut keine Nester!", antwortet Klara. Der Lehrer wundert sich. „Wie kommst du denn darauf?", fragt er erstaunt. „Weil der Kuckuck in der Uhr lebt!", antwortet Klara.

 **Was stimmt?**

- [ ] Klara hat sich fest vorgenommen, in der Kita besser zu werden.
- [X] Klara hat sich fest vorgenommen, in der Schule besser zu werden.

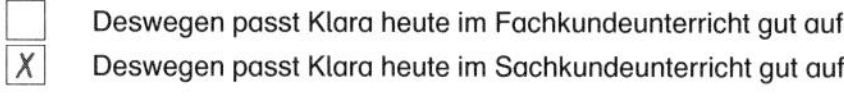

- [ ] Deswegen passt Klara heute im Fachkundeunterricht gut auf.
- [X] Deswegen passt Klara heute im Sachkundeunterricht gut auf.

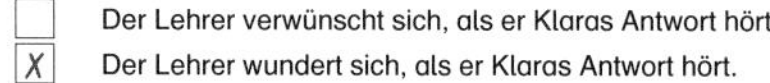

- [ ] Der Lehrer verwünscht sich, als er Klaras Antwort hört.
- [X] Der Lehrer wundert sich, als er Klaras Antwort hört.

 **Lerne den Witz auswendig und erzähle ihn jemandem.**

 **Schreibe auf die Linien, was Klara auf die Frage des Lehrers antwortet.**

„Weil der Kuckuck in der Uhr lebt!"

In welche Gläser soll man keinen Saft eingießen? *in volle*

91

 Name: 

Das Geburtstagsgeschenk

Der kleine Fritz besucht seine Oma. Als die beiden am Mittagstisch sitzen und Spaghetti mit Tomatensoße essen, sagt Fritz: „Vielen Dank, Oma, für die Blockflöte. Das war das schönste Geschenk, das ich zu meinem Geburtstag bekommen habe!" Die Oma freut sich und fragt: „Du hast doch so viele schöne Sachen bekommen. Warum war denn die Blockflöte dein schönstes Geschenk?" Da antwortet Fritz: „Immer wenn ich darauf spiele, gibt mir Papa einen Euro, damit ich aufhöre!"

 **Was stimmt?**

- [X] Der kleine Fritz besucht seine Oma.
- [ ] Der kleine Fritz besucht seinen Opa.

- [ ] Als die drei am Mittagstisch sitzen, essen sie Spaghetti mit Tomatensoße.
- [X] Als die beiden am Mittagstisch sitzen, essen sie Spaghetti mit Tomatensoße.

- [ ] Der kleine Fritz hat von seiner Oma eine Querflöte zum Geburtstag bekommen.
- [X] Der kleine Fritz hat von seiner Oma eine Blockflöte zum Geburtstag bekommen.

 **Lerne den Witz auswendig und erzähle ihn jemandem.**

 **Schreibe auf die Linien, was Fritz auf die Frage seiner Oma antwortet.**

„Immer wenn ich darauf spiele, gibt mir Papa einen Euro, damit ich aufhöre!"

Welcher Peter macht am meisten Krach? *der Trom-peter*

92

 Name: 

Der Weihnachtswunsch

Linus wünscht sich schon seit seinem letzten Geburtstag ein Schlagzeug. Jetzt ist schon bald Weihnachten. Deswegen geht Linus eines Abends nach dem Essen zu seinen Eltern und bittet sie wieder darum, ihm endlich ein Schlagzeug zu schenken. Da fragt ihn die Mutter: „Linus, kannst du mir verraten, wie Papa und ich bei so einem Krach arbeiten sollen?" Linus überlegt einen Moment, bevor er antwortet: „Weißt du, ich verspreche euch, einfach nur dann zu üben, wenn ihr schlaft."

 **Was stimmt?**

- [X] Linus wünscht sich schon seit seinem letzten Geburtstag ein Schlagzeug.
- [ ] Linus wünscht sich schon seit seinem letzten Geburtstag einen Schlafanzug.

- [ ] Linus wünscht sich auch zu Weihnachten ein Schlagzeug von deinen Eltern.
- [X] Linus wünscht sich auch zu Weihnachten ein Schlagzeug von seinen Eltern.

- [X] Linus verspricht, nur zu üben, wenn seine Eltern schlafen.
- [ ] Linus verspricht, nur zu lügen, wenn seine Eltern schlafen.

 **Lerne den Witz auswendig und erzähle ihn jemandem.**

 **Schreibe auf die Linien, was Linus auf die Frage seiner Mutter antwortet.**

„Weißt du, ich verspreche euch einfach, nur dann zu üben, wenn ihr schlaft."

Was passiert, wenn sich zwei Tausendfüßler umarmen?
Es ergibt einen Reißverschluss.

93

Lösungen

Name:

Auf dem Spielplatz

Ali ist mit seiner Mutter auf dem Spielplatz. Er turnt hoch oben auf einem Klettergerüst. Plötzlich springt er herunter und läuft zu seiner Mutter. „Mama, kannst du mir bitte zwei Euro für einen alten Mann geben?“, fragt er sie und hält seine Hand hin.
„Aber gerne. Es freut mich, dass du jemandem helfen willst. Wo ist der Mann denn genau?“, will die Mutter wissen, während sie ihren Geldbeutel aus der Handtasche nimmt.
„Er steht an der Kreuzung und verkauft Eis“, antwortet Ali.

Was stimmt?

- [X] Ali ist mit seiner Mutter auf dem Spielplatz.
- [ ] Ali ist mit seiner Mutter auf dem Sportplatz.

- [ ] Ali tanzt hoch oben auf einem Klettergerüst.
- [X] Ali turnt hoch oben auf einem Klettergerüst.

- [X] Plötzlich springt Ali herunter und läuft zu seiner Mutter.
- [ ] Plötzlich fällt Ali herunter und läuft zu seiner Mutter.

Lerne den Witz auswendig und erzähle ihn jemandem.

Schreibe in die Sprechblase, was Ali seiner Mutter antwortet.

Er steht an der Kreuzung und verkauft Eis.

Welche Mütze ist auf den Hund gekommen? *die Pudelmütze*

94

Name:

Bei der Ärztin

Die kleine Soraya sitzt mit ihrer Mutter im Wartezimmer. Soraya blättert in ihrem Buch und die Mutter liest Zeitung. Vor ihnen sind noch andere an der Reihe. Schließlich werden auch die beiden zur Ärztin gerufen.
Als sie im Behandlungszimmer sind und sich gesetzt haben, erklärt die Mutter: „Ich mache mir große Sorgen um meine Tochter. Soraya behauptet, dass sie Stimmen hört.“
Die Ärztin schaut Soraya an und fragt: „Passiert dir das denn oft?“
„Immer dann, wenn ich telefoniere“, antwortet Soraya.

Was stimmt?

- [X] Die kleine Soraya sitzt mit ihrer Mutter im Wartezimmer.
- [ ] Die kleine Soraya sitzt mit ihrer Mutter im Wohnzimmer.

- [X] Soraya blättert in ihrem Buch und die Mutter liest Zeitung.
- [ ] Sonja blättert in ihrem Buch und die Mutter liest Zeitung.

- [ ] Schließlich werden auch Soraya und ihre Mutter zur Ärztin getragen.
- [X] Schließlich werden auch Soraya und ihre Mutter zur Ärztin gerufen.

Lerne den Witz auswendig und erzähle ihn jemandem.

Schreibe auf die Linien, was die Ärztin fragt und was Soraya antwortet.

„Passiert dir das denn oft?“

„Immer dann, wenn ich telefoniere.“

Wer ist im Bett und doch unterwegs? *der Fluss*

95

Name:

Riesige Schlangen

Am Wochenende ist schönes Wetter und die Eltern wollen mit ihrem Sohn in den Zoo. Aber Sebastian will lieber zu Hause bleiben, um mit seiner Freundin Tina im Garten zu spielen. Um ihn zu überreden, erzählen ihm seine Eltern von Erdmännchen, Tigern und Elefanten. Aber Sebastian hat keine Lust. Schließlich sagt seine Mutter: „Im Zoo gibt es auch riesige Schlangen. Willst du sie dir nicht anschauen?“
„Viel lieber schaue ich mir im Garten einen Regenwurm unter der Lupe an“, antwortet Sebastian.

Was stimmt?

- [ ] Am Wochenende wollen die Großeltern mit ihrem Sohn in den Zoo.
- [X] Am Wochenende wollen die Eltern mit ihrem Sohn in den Zoo.

- [ ] Sebastian will lieber zu Hause bleiben, um mit Dinos im Garten zu spielen.
- [X] Sebastian will lieber zu Hause bleiben, um mit Tina im Garten zu spielen.

- [ ] Um ihn zu überreden, erzählen ihm seine Eltern von den Tiefen im Zoo.
- [X] Um ihn zu überreden, erzählen ihm seine Eltern von den Tieren im Zoo.

Lerne den Witz auswendig und erzähle ihn jemandem.

Schreibe in die Sprechblase, was Sebastian auf die Frage seiner Mutter antwortet.

„Viel lieber schaue ich mir im Garten einen Regenwurm unter der Lupe an.“

Welchen Tisch kann man essen? *den Nachtisch*

96

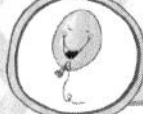

Name:

Unterhalten sich zwei Gespenster

Um Mitternacht heult es fürchterlich im alten Schlossturm. Es ist Geisterstunde! Die Gespenster Hugo und Gernhardt fliegen vorsichtig aus ihren Verstecken. Wie jede Nacht um diese Zeit treffen sich die beiden zu einem kleinen Schwatz unter Freunden.
„Hast du eigentlich den Job im Restaurant bekommen?“, fragt Hugo.
„Ja, habe ich!“, antwortet Gernhardt stolz.
„Geisterhaften Glückwunsch! Etwa als Kellner?“, fragt Hugo weiter.
„Nein, ich arbeite als Tischtuch!“, antwortet Gernhardt.

Was stimmt?

- [X] Um Mitternacht heult es fürchterlich im alten Schlossturm.
- [ ] Um Mitternacht hallt es fürchterlich im alten Schlossturm.

- [ ] Die Gespenster Hugo und Gernhardt krabbeln vorsichtig aus ihren Verstecken.
- [X] Die Gespenster Hugo und Gernhardt fliegen vorsichtig aus ihren Verstecken.

- [X] Wie jede Nacht um diese Zeit treffen sich die beiden, um zusammen zu plaudern.
- [ ] Wie jede Nacht um diese Zeit treffen sich die beiden, um zusammen zu saugen.

Lerne den Witz auswendig und erzähle ihn jemandem.

Schreibe auf die Linien, was Gespenst Gernhardt auf Hugos Frage antwortet.

„Nein, ich arbeite als Tischtuch!“

Was sagt ein Stein zum anderen? *Mein Leben ist hart.*

97

Name:

Stromausfall

Am Nachmittag geht Frau Meier im Park spazieren. Am Springbrunnen trifft sie zufällig ihren Bekannten, Herrn Krummbein.
„Guten Tag, Herr Krummbein. Sie können sich nicht vorstellen, was mir gestern passiert ist!", sagt Frau Meier aufgeregt.
„Was denn?", fragt Herr Krummbein neugierig.
„Gestern war in unserem Haus Stromausfall und ich habe eine Stunde im Aufzug festgesteckt", antwortet Frau Meier.
„Ach, das ist doch gar nichts! Ich habe zwei Stunden auf der Rolltreppe gestanden", sagt Herr Krummbein.

Was stimmt?

- [X] Frau Meier geht nachmittags im Park spazieren.
- [ ] Frau Meier geht vormittags im Park spazieren.

- [ ] Am Springbrunnen trifft sie zufällig ihren Bekannten, Herrn Krummpein.
- [X] Am Springbrunnen trifft sie zufällig ihren Bekannten, Herrn Krummbein.

- [X] Frau Meier hat eine Stunde im Aufzug festgesteckt.
- [ ] Frau Meier hat eine Stunde im Anzug festgesteckt.

Lerne den Witz auswendig und erzähle ihn jemandem.

Schreibe auf die Linien, was Herrn Krummbein passiert ist.

„Ach, das ist doch gar nichts!
Ich habe zwei Stunden auf der
Rolltreppe gestanden."

Was wird beim Abtrocknen nass? *ein Handtuch*

Name:

In der Wüste

Zwei Löwen streifen gemeinsam durch die Wüste. Die Sonne brennt vom Himmel. Es ist heiß und die mächtigen Tiere sind müde und durstig. Sie haben schon tagelang nichts mehr gegessen. Plötzlich entdecken die beiden einen großen Kaktus. Darunter liegt ein toter Ritter in Ritterrüstung. Die Löwen trotten näher heran. Als sie vor dem Ritter stehen, fragt der eine Löwe den anderen: „Magst du Ritter?"
Der andere schüttelt verneinend den Kopf und antwortet: „Bitte nicht schon wieder Dosenfutter!"

Was stimmt?

- [X] Zwei Löwen streifen gemeinsam durch die Wüste.
- [ ] Zwei Löwen streifen gemeinsam durch die Wiese.

- [X] Es ist heiß und die mächtigen Tiere sind müde, durstig und hungrig.
- [ ] Es ist heiß und die mächtigen Tiere sind wütend, durstig und hungrig.

- [ ] Unter einem großen Kaktus liegt ein roter Ritter in Ritterrüstung.
- [X] Unter einem großen Kaktus liegt ein toter Ritter in Ritterrüstung.

Lerne den Witz auswendig und erzähle ihn jemandem.

Schreibe in die Sprechblasen, was die Löwen sagen.

Magst du Ritter?

Bitte nicht schon wieder
Dosenfutter!

Was ist süß und läuft durch die Wüste? *ein Karamel*

Name:

Die Frau und das Känguru

Eine Frau läuft mit einem Känguru an einem Eisverkäufer vorbei.
„Wo haben Sie denn das Känguru her?", fragt der Eisverkäufer.
„Das ist mir zugelaufen. Ich weiß nicht, was ich mit ihm machen soll", antwortet die Frau.
„Gehen Sie doch mit ihm in den Zoo!", schlägt der Eisverkäufer vor.
Am nächsten Tag kommt die Frau wieder mit dem Känguru an dem Eisverkäufer vorbei.
„Waren Sie denn nicht mit dem Känguru im Zoo?", sagt der Eisverkäufer.
„Doch, und heute gehen wir in die Bücherei", antwortet die Frau.

Was stimmt?

- [ ] Eine Frau läuft mit einem Kamel an einem Eisverkäufer vorbei.
- [X] Eine Frau läuft mit einem Känguru an einem Eiverkäufer vorbei.

- [ ] Das Känguru ist der Frau weggelaufen.
- [X] Das Känguru ist der Frau zugelaufen.

- [X] Am nächsten Tag will die Frau mit dem Känguru in die Bücherei.
- [ ] Am nächsten Tag will die Frau mit dem Känguru in die Buchhandlung.

Lerne den Witz auswendig und erzähle ihn jemandem.

Schreibe die Frage des Eisverkäufers und die Antwort der Frau auf.

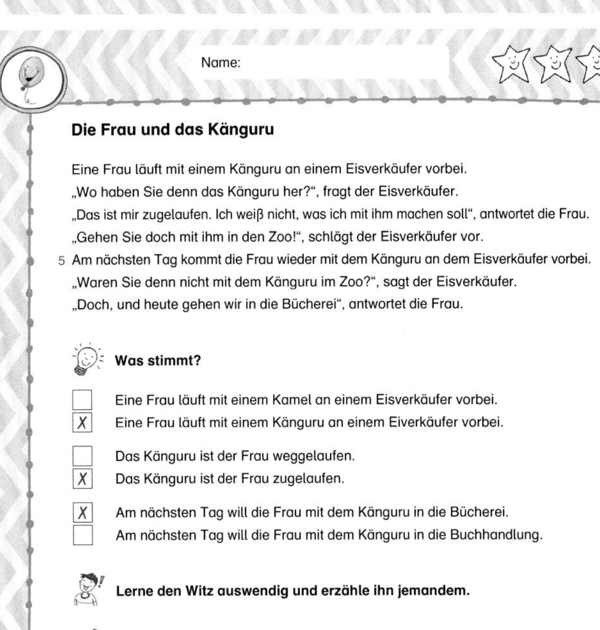

„Waren Sie denn nicht mit dem
Känguru im Zoo?"
„Doch, und heute gehen wir in die
Bücherei."

Welche Birne wird niemals faul? *die Glühbirne*

Name:

Fischernetze

Matteo ist mit seinen Eltern am Hafen. Die Sonne scheint vom Himmel und das Meer liegt ruhig vor ihnen. Gemeinsam beobachten die drei, wie die Fischer in ihren Booten die Netze auswerfen und prall gefüllt wieder einholen. Als ein Fischer mit einem vollen Netz an ihnen vorbeigeht, fragt Matteo ihn: „Guten Tag! Sagen Sie bitte, wie wird so ein Netz eigentlich gemacht?"
„Ganz einfach! Man nimmt eine ganze Menge Löcher und knotet sie mit einer Schnur zusammen", antwortet der Fischer.

Was stimmt?

- [X] Matteo ist mit seinen Eltern am Hafen und sieht aufs Meer.
- [ ] Matteo ist mit seinen Eltern am Ofen und sieht aufs Meer.

- [ ] Die Sonne scheint vom Schimmel und das Meer liegt ruhig vor ihnen.
- [X] Die Sonne scheint vom Himmel und das Meer liegt ruhig vor ihnen.

- [X] Gemeinsam beobachten die drei die Fischer in ihren Booten.
- [ ] Gemeinsam beobachten die drei die Fischer in ihrem Boden.

Lerne den Witz auswendig und erzähle ihn jemandem.

Schreibe in die Sprechblase, was der Fischer auf die Frage von Matteo antwortet.

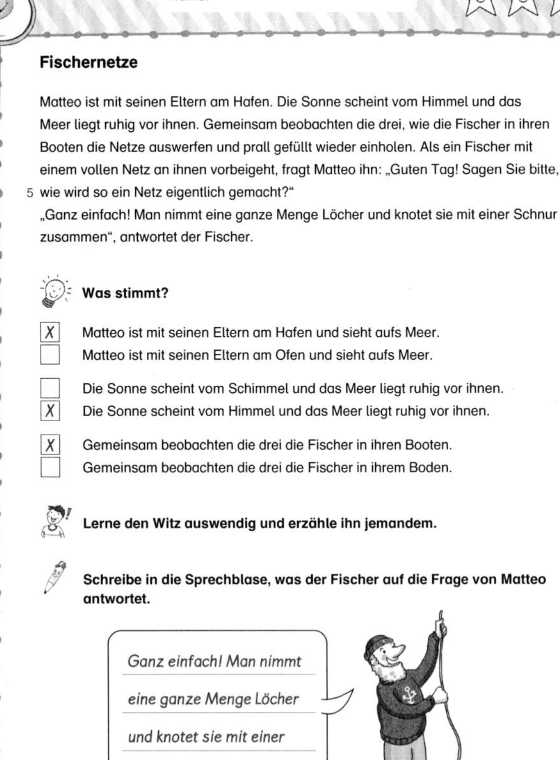

Ganz einfach! Man nimmt
eine ganze Menge Löcher
und knotet sie mit einer
Schnur zusammen.

Welches Gewicht will keiner verlieren? *das Gleichgewicht*

Jederzeit optimal vorbereitet in den Unterricht?

»